U0958262

财经类专业“十四五”规划教材

基础会计仿真实训

蒋薇薇　周丹　胡桂青　主编

立信会计出版社
LIXIN ACCOUNTING PUBLISHING HOUSE

图书在版编目(CIP)数据

基础会计仿真实训 / 蒋薇薇，周丹，胡桂青主编
. —上海：立信会计出版社，2023.2(2024.7 重印)
ISBN 978-7-5429-7033-6

Ⅰ. ①基… Ⅱ. ①蒋… ②周… ③胡… Ⅲ. ①会计学
—教材 Ⅳ. ①F230

中国国家版本馆 CIP 数据核字(2023)第 044056 号

策划编辑　王斯龙
责任编辑　王斯龙
封面设计　吴博闻

基础会计仿真实训
JICHU KUAIJI FANGZHEN SHIXUN

出版发行　立信会计出版社
地　　址　上海市中山西路 2230 号　　邮政编码　200235
电　　话　(021)64411389　　传　　真　(021)64411325
网　　址　www.lixinaph.com　　电子邮箱　lixinaph2019@126.com
网上书店　http://lixin.jd.com　　http://lxkjcbs.tmall.com
经　　销　各地新华书店

印　　刷　上海万卷印刷股份有限公司
开　　本　787 毫米×1092 毫米　1/16
印　　张　16.25
字　　数　296 千字
版　　次　2023 年 2 月第 1 版
印　　次　2024 年 7 月第 2 次
书　　号　ISBN 978-7-5429-7033-6/F
定　　价　45.00 元

如有印订差错，请与本社联系调换

前　言

“基础会计仿真实训”课程是会计类专业的一门专业实训课程。本书通过会计职业最基本的工作业务，使学生初步了解会计工作的环境，认识会计工作的一般流程，在操作中理解会计要素、会计等式和复式记账法的基本原理，熟练掌握填制和审核凭证、登记账簿、编制财务报表的方法。通过本书的学习，学生将具备学习后续专业课程的专业基础能力，为其进一步学习打下良好的基础。

本书根据应用型、技术技能型院校人才的培养要求，以职业需求为导向、以实践能力培养为重点，按照专业设置与产业需求对接、课程内容与职业标准对接、教学过程与生产过程对接的要求，力求做到创新课程体系、教学内容和教学方法。

本书具有以下特点：

(1) 经济业务内容体现了我国“营改增”全面实施后最新的相关税收政策、税法规定和会计制度(准则)的新要求。

(2) 模拟的经济业务涵盖了企业基础的、典型的、常用的经济类型，部分经济业务采用了电子发票、电子支付结算凭证等新形式。

(3) 会计实训按照会计基本工作过程，完成建账，填制、审核原始凭证和记账凭证，登记账簿、编制财务报表等工作任务。

(4) 实训内容与实际工作紧密连接，旨在培养学生的职业意识、提高职业素质、形成工作能力。

本书既可以作为应用型、技术技能型院校的经济管理类专业的教材，也可以作为广大经营管理者和会计工作者的入门实训教材。

本书由蒋薇薇、周丹、胡桂青担任主编。本书编写分工如下：蒋薇薇编写第二部分，周丹编写第一部分和第三部分的第一至第三项内容，胡桂青编写第三部分其余项内容。蒋薇薇对全书大纲进行确定，并统筹编写工作。

由于编者的水平有限，本书如有错漏或不妥之处，请广大读者不吝指正，以使本书得到不断的完善和修订。

编者

2023 年 2 月

目　录

第一部分

概　述

一、实训目的

“基础会计”课程是财会专业的入门课程、主干课程。“基础会计实训”课程是对“基础会计”课程内容的进一步完善和必要的补充，是一门实践性、操作性较强的课程。本书能够使学生了解各项经济业务仿真的原始凭证，掌握相关业务记账凭证的编制、总分类账和明细分类账的登记、资产负债表和利润表的编制等，加强对各种经济业务的账务处理能力，缩短理论与实践的距离，加深对会计理论的理解，培养会计实操能力。

二、实训要求

本书采用记账凭证账务处理程序。

(1) 建账：将各总分类账账户、明细分类账账户期初余额记入相关账户。

(2) 记账：①根据每笔业务原始凭证的内容，编制记账凭证；②根据每张记账凭证，登记相关总分类账账户、明细分类账账户。

(3) 月末对账、结账。

(4) 编制资产负债表、利润表。

(5) 归档、撰写实训总结。

第二部分

仿真模拟企业经济业务资料

一、企业基本情况

（一）企业注册资料

单位名称:苏州佳禾食品有限公司。

统一社会信用代码:91320597688322520H。

法定代表人:周昆杉。

经营范围:食品生产和销售。

地址、电话:苏州市吴江区中山南路518号;0512-63497711。

（二）企业账户资料

开户银行:中国工商银行股份有限公司苏州工业园区支行。

银行账号:1102020509006017060。

（三）企业财务部门的主要人员(表1)

表1　企业财务部门的主要人员

编号	部门	姓名	岗位或职位
1	财务部	苏珊	会计主管
2	财务部	吴江	总账会计
3	财务部	解然	成本会计
4	财务部	杨成	出纳
5			
6			

注:主要人员信息可根据需要进行补充。

二、企业财务制度

（一）会计工作的组织及分工

苏州佳禾食品有限公司单独设置财务部门,其下设会计主管、总账会计、成本会计、出纳四个工作岗位。各工作岗位的具体岗位职责如下:

(1) 会计主管的岗位职责:领导和组织公司会计核算工作;负责审核会计凭证、对账和编制财务报表并进行财务分析;负责保管财务专用章；负责编制纳税申报表；组织会计档案的整理和保管；组织编制财务预算、决算；组织财产清查等。

（2）总账会计的岗位职责：编制除产品成本业务之外的其他业务的会计凭证；编制科目汇总表；登记总分类账；审核成本会计制单的原始凭证和记账凭证；编制银行存款余额调节表等。

（3）成本会计的岗位职责：进行产品成本核算；编制成本计算原始凭证；编制产品成本业务记账凭证；登记“生产成本”“制造费用”明细分类账；编制成本报表并进行成本分析。

（4）出纳的岗位职责：负责办理库存现金、银行存款的收款、付款业务；保管库存现金、有价证券及法人代表名章；登记库存现金日记账、银行存款日记账；配合清查人员进行库存现金、银行存款清查等。

（二）企业财务管理制度

（1）以人民币为记账本位币（核算中金额计算保留至分位），记账文字为中文。

（2）为增值税一般纳税人，销售商品适用的增值税税率为13%，适用的城市维护建设税税率为7%，教育费附加征收率为3%，适用的企业所得税税率为25%。

（3）职工薪酬按照人事工资单当月计提，次月发放；企业的福利费无需计提，在实际发生时直接记入相关成本专用科目；工会经费按照2%计提（尚未成立工会）。

（4）存货相关规定：产品生产成本截止日为每月最后一日，当月投入生产的产品当月全部产出（特殊情况除外），材料及产品出库的成本结转使用月末一次加权平均法。

（5）未列明的其他会计事项，根据现行《企业会计准则》的相关规定处理。

三、11月份的企业账户资料

（一）苏州佳禾食品有限公司2022年11月30日各总分类账账户余额（表2）

表2　总分类账账户余额表

2022年11月30日

单位：元

账户名称	借方金额	贷方金额
库存现金	2 000.00	
银行存款	429 540.00	
应收账款	140 000.00	
其他应收款	1 000.00	

（续表）

账户名称	借方金额	贷方金额
预付账款	3 750.00	
原材料	64 600.00	
库存商品	73 140.00	
固定资产	943 950.00	
累计折旧		136 900.00
生产成本	10 720.00	
制造费用		
短期借款		418 740.00
应付账款		103 200.00
应交税费		26 000.00
应付职工薪酬		12 000.00
应付利息		1 500.00
实收资本		700 000.00
盈余公积		180 000.00
本年利润		69 680.00
利润分配		20 680.00
主营业务收入		
主营业务成本		
销售费用		
税金及附加		
管理费用		
所得税费用		
合计	1 668 700.00	1 668 700.00

（二）苏州佳禾食品有限公司2022年11月30日相关明细分类账账户余额(表3～表5)

表3　三栏式明细分类账账户余额表

2022年11月30日　　　　单位:元

总账科目	明细分类科目	借或贷	余额
应收账款	苏州美购超市有限公司	借	70 000.00
	苏州乐家超市有限公司	借	70 000.00
其他应收款	徐丽	借	1 000.00
	李俊		
预付账款	苏州卓达商贸有限公司	借	3 750.00
	国网江苏省电力有限公司苏州供电分公司		
	中国联合网络通信有限公司苏州分公司		
应付账款	山东富农粮油工业有限公司	贷	103 200.00
	国网江苏省电力有限公司苏州供电分公司		
	苏州大丰面粉有限公司		
应付职工薪酬	工资	贷	12 000.00
	福利费		
	工会经费		
应交税费	应交增值税(进项税额)	借	
	应交增值税(销项税额)	贷	
	未交增值税	贷	26 000.00
	应交所得税		
	应交城市维护建设税		
	应交教育费附加		
应付利息	利息支出	贷	1 500.00
其他应付款	应付伙食费		

提示:其他明细分类账账户余额可略去。

表 4　数量金额式明细分类账账户余额表

2022 年 11 月 30 日　　　　金额单位:元

总账科目	品名	计量单位	数量	单价	金额
原材料	白砂糖	千克	5 000	1.60	8 000.00
	小麦粉	千克	8 000	3.40	27 200.00
	花生油	千克	3 000	4.80	14 400.00
	奶油	千克	1 000	8.00	8 000.00
	其他				7 000.00
库存商品	奶油饼干	千克	23 000	3.18	73 140.00

表 5　生产成本多栏式明细分类账账户余额表

2022 年 11 月 30 日　　　　单位:元

成本项目	金额
直接材料	8 500.00
直接人工	1 800.00
制造费用	420.00
合　计	10 720.00

（三）苏州佳禾食品有限公司制造费用和管理费用明细科目(表 6)

表 6　制造费用和管理费用明细科目

制造费用						
明细科目	间接材料	间接人工	水电费	折旧费	福利费	工会经费

管理费用							
明细科目	差旅费	折旧费	办公费	修理费	水电费	工资	其他

四、12 月份的经济业务资料

【业务 01】

单据 1-1

中国工商银行
现金支票存根
10203210
63225976

附加信息

出票日期　2022 年 12 月 01 日

收款人：	苏州佳禾食品有限公司
金　额：	¥3000.00
用　途：	备用金

单位主管　　会计

南京特种印刷有限公司。2022 年印制

【业务 02】

单据 2-1

借　款　单（记账）

2022年12月01日

借款部门	采购部	借款人	李俊	事　由	预支差旅费
借款金额	人民币（大写）贰千元整　（小写）2000.00				注意事项： 1. 凡需借用公款必须填写本单据； 2. 办妥借款事务后，应当在十日内完成结算。
部门负责人意见	同意	借款人签字	李俊		
会计负责人审批：同意借款 苏珊	付款方式：库存现金 现金付讫	出纳：杨成			
核销记录					

【业务 03】

单据 3-1

3200162330 江苏增值税专用发票 No 63678035 3200162330 63678035

发票联

校验码 82500 82566 32022 82056 开票日期： 2022年12月01日

购买方	名　　称：苏州佳禾食品有限公司 纳税人识别号：91320597688322520H 地 址、电 话：苏州市吴江区中山南路518号0512-63497711 开户行及账号：中国工商银行苏州工业园区支行1102020509006017060			密码区	//025*206*\24*39*3#/#5*30<>0*3<<<2+ 2563\7+5/4/6#*024#83*>/*<1<>*7>767 1>2\3>78*630/3#206+76+2*98//67#9<*5/ 78<10*#89*9*75+2+-+>54+90*68*965#502		
货物或应税劳务、服务名称	规格型号	单位	数量	单价	金额	税率	税额
糖*白砂糖		千克	4000	1.70	6800.00	13%	884.00
合　计					¥6800.00		¥884.00
价税合计（大写）	⊗ 柒仟陆佰捌拾肆元整				（小写）¥7684.00		
销售方	名　　称：南京甘汁园生物科技有限公司 纳税人识别号：91320115790276583S 地 址、电 话：南京市江宁滨江经济开发区盛安路66号025-52980306 开户行及账号：中国工商银行南京大行宫支行4301016609302070536			备注	南京甘汁园生物科技有限公司 91320115790276583S 发票专用章		

收款人：　　复核：　　开票人：姜娟　　销售方：（章）

第三联：发票联 购买方记账凭证

税总函[2022] 320号 南京造币有限公司

单据 3-2

3200162330 江苏增值税专用发票 No 63678035 3200162330 63678035

抵扣联

校验码 82500 82566 32022 82056 开票日期： 2022年12月01日

购买方	名　　称：苏州佳禾食品有限公司 纳税人识别号：91320597688322520H 地 址、电 话：苏州市吴江区中山南路518号0512-63497711 开户行及账号：中国工商银行苏州工业园区支行1102020509006017060			密码区	//025*206*\24*39*3#/#5*30<>0*3<<<2+ 2563\7+5/4/6#*024#83*>/*<1<>*7>767 1>2\3>78*630/3#206+76+2*98//67#9<*5/ 78<10*#89*9*75+2+-+>54+90*68*965#502		
货物或应税劳务、服务名称	规格型号	单位	数量	单价	金额	税率	税额
糖*白砂糖		千克	4000	1.70	6800.00	13%	884.00
合　计					¥6800.00		¥884.00
价税合计（大写）	⊗ 柒仟陆佰捌拾肆元整				（小写）¥7684.00		
销售方	名　　称：南京甘汁园生物科技有限公司 纳税人识别号：91320115790276583S 地 址、电 话：南京市江宁滨江经济开发区盛安路66号025-52980306 开户行及账号：中国工商银行南京大行宫支行4301016609302070536			备注	南京甘汁园生物科技有限公司 91320115790276583S 发票专用章		

收款人：　　复核：　　开票人：姜娟　　销售方：（章）

第二联：抵扣联 购买方抵扣凭证

税总函[2022] 320号 南京造币有限公司

单据 3-3

中国工商银行　网上银行电子回单

电子回单号码：0057-1625-5499-1100　　　　打印日期：2022年12月01日

付款人	户　名	苏州佳禾食品有限公司	收款人	户　名	南京甘汁园生物科技有限公司
	账　号	1102020509006017060		账　号	4301016609302070536
	开户银行	中国工商银行苏州工业园区支行		开户银行	中国工商银行南京大行宫支行
金额		¥7684.00	金额（大写）		人民币 柒仟陆佰捌拾肆元整
摘要		货款	业务(产品)种类		汇划发报
用途		白砂糖货款			
交易流水号		75999867	时间戳		2022-12-01-13.17.19.247983
中国工商银行 电子回单 专用章		备注： 附言：指令编号HQP901065320168 提交人:SZJH90.c.4520 验证码：KQ+FvDKdeA8hqZOpCCv/Dz80e=			
记账网点	20390	记账柜员 00009	记账日期		2022年12月01日

单据 3-4

付 款 凭 证

付款日期：2022 年 12 月03 日

领款单位或领款人		采购部	付款方式				现金				
付款事由		支付运费									
金额	人民币（大写）	⊗壹佰元整	十	万	千	百	十	元	角	分	
					¥	1	0	0	0	0	

第二联 记账联

财务经理：苏珊　　　　经办人：杨成

单据 3-5

江苏增值税电子普通发票

机器编号：6615334516

发票代码：032002100211
发票号码：46417460
开票日期：2022年12月03日
校 验 码：63295 82566 32022 92066

购买方	名　　称：苏州佳禾食品有限公司 纳税人识别号：91320597688322520H 地 址、电 话：苏州市吴江区中山南路518号0512-63497711 开户行及账号：中国工商银行苏州工业园区支行1102020509006017060			密码区	//720*206*\24*39*3#/#5*30<>0*3<<<2+ 6563\7+5/4/6#*024#83*>/*<1<>*7>767 0>2\3>78*630/3#206+76+2*98//67#9<*5/ 69<10*#90*9*75+2++>54+90*68*965#69\\		
货物或应税劳务、服务名称	规格型号	单位	数量	单价	金额	税率	税额
现代服务*搬运服务		次	1	100.00	100.00	免税	***
合　　计					¥100.00		***
价税合计（大写）	⊗ 壹佰元整				（小写）¥100.00		
销售方	名　　称：苏州巨力搬运装卸有限公司 纳税人识别号：91320506557135156A 地 址、电 话：苏州市吴中区子胥路50号0512-66569219 开户行及账号：中国农业银行苏州吴中新城支行10548501040005908			备注	苏州巨力搬运装卸有限公司 91320506557135156A 发票专用章		

收款人：　　复核：　　开票人：陈宁　　销售方：（章）

单据 3-6

苏州佳禾食品有限公司　材料入库单

2022年12月03日

供应单位：南京甘汁园生物科技有限公司　　入库编号：RK1201
发票号码：63678035　　收料仓库：原料库

材料名称	规格型号	计量单位	数量		实际成本				备注
			应收	实收	单价	发票价格	采购费用	合计	
白砂糖	主材料	千克	4000	4000	1.70	6800.00	100.00	6900.00	
合　计			4000	4000		6800.00	100.00	6900.00	

②财务联

仓库主管：　　保管员：李建　　记账：吴江　　制单：程怡

【业务 04】

单据 4-1

ICBC 中国工商银行　电汇凭证（回单）　1

□普通 □加急　　委托日期　2022年12月05日

汇款人	全　称	苏州佳禾食品有限公司	收款人	全　称	山东富农粮油工业有限公司
	账　号	1102020509006017060		账　号	37002629803057209578
	汇出地点	江苏省苏州市		汇入地点	山东省济南市
汇出行名称		中国工商银行苏州工业园区支行	汇入行名称		中国建设银行济南东环支行

金额	人民币（大写）	柒万元整	亿	千	百	十	万	千	百	十	元	角	分
						¥	7	0	0	0	0	0	0

（印章：中国工商银行 苏州工业园区支行 2022.12.05 转讫）

汇出行签章

支付密码

附加信息及用途：偿还贷款

复核：　　记账：

此联汇出行给汇款人的回单

【业务 05】

单据 5-1

山东增值税专用发票

3700161130　　No 23673865　　3700161130　23673865

校验码 32060 82503 32086 02066

发票联　　开票日期：2022年12月05日

购买方	名　　称：苏州佳禾食品有限公司 纳税人识别号：91320597688322520H 地 址、电 话：苏州市吴江区中山南路518号0512-63497711 开户行及账号：中国工商银行苏州工业园区支行1102020509006017060	密码区	8033*206*\24*39*3#/#5*30<>0*3<<<2+2 563\7+54/6#*02@4#83*>/*<1<>*7>76/> >>2\3>78*6320/3#206+76+2*98//67#9<*5 /78<10*#8%*9*75+2+8+>54+90*68*965#00

货物或应税劳务、服务名称	规格型号	单位	数量	单价	金额	税率	税额
植物油*花生油		千克	4000	4.60	18400.00	13%	2392.00
乳制品*奶油		千克	2000	8.20	16400.00	13%	2132.00
合　计					¥34800.00		¥4524.00
价税合计（大写）	⊗叁万玖仟叁佰贰拾肆元整				（小写）¥39324.00		

销售方	名　　称：山东富农粮油工业有限公司 纳税人识别号：913700005A30KZ7287 地 址、电 话：山东省济南市历下区解放路99号0531-85986556 开户行及账号：中国建设银行济南东环支行37002629803057209578	备注	（印章：山东富农粮油工业有限公司 913700005A30KZ7287 发票专用章）

收款人：　　复核：　　开票人：方彤　　销售方：（章）

税总函[2022] 116号 西安印钞有限公司

第三联：发票联　购买方记账凭证

单据 5-2

3700161130　　**山东增值税专用发票**　　№ 23673865　　3700161130 23673865

抵扣联

校验码 32060 82503 32086 02066　　开票日期：2022年12月05日

购买方	名　　称：苏州佳禾食品有限公司 纳税人识别号：91320597688322520H 地 址、电 话：苏州市吴江区中山南路518号0512-63497711 开户行及账号：中国工商银行苏州工业园区支行1102020509006017060			密码区	8033*206*\24*39*3#/#5*30<>0*3<<<2+2 563\7+54/6#*02@4#83*>/*<1<>*7>76/> >>2\3>78*6320/3#206+76+2*98//67#9<*5 /78<10*#8%*9*75+2+8+>54+90*68*965#00		
货物或应税劳务、服务名称	规格型号	单位	数量	单价	金额	税率	税额
植物油*花生油		千克	4000	4.60	18400.00	13%	2392.00
乳制品*奶油		千克	2000	8.20	16400.00	13%	2132.00
合　　计					¥34800.00		¥4524.00
价税合计（大写）	⊗叁万玖仟叁佰贰拾肆元整				（小写）¥39324.00		
销售方	名　　称：山东富农粮油工业有限公司 纳税人识别号：913700005A30KZ7287 地 址、电 话：山东省济南市历下区解放路99号0531-85986556 开户行及账号：中国建设银行济南东环支行37002629803057209578			备注	山东富农粮油工业有限公司 913700005A30KZ7287 发票专用章		

收款人：　　复核：　　开票人：方彤　　销售方：（章）

第二联：抵扣联　购买方抵扣凭证

税总函[2022] 116号 西安印钞有限公司

单据 5-3

铁路货运 CHIAN RAILWAY FREIGHT

中国铁路济南局集团有限公司

货 物 运 单

BKHZA0123456

需求号：2022107NY5000240001　　快运

托运人	发站(公司)	济南西(济)	专用线						货区	济南西站			
	名称	山东富农粮油工业有限公司				经办人	张 勇		货位	DU3200			
						手机号码	18064524210		车种车号				
	□上门取货	取货地址				联系电话			取货里程(km)				
收货人	到站(公司)	苏州(沪)	专用线						运到期限	5	标重		
	名称	苏州佳禾食品有限公司				经办人	马 林		施封号				
						手机号码	18626223122		篷布号				
	□上门送货	送货地址				联系电话			送货里程(km)				
付费方式	□网银支付 ☑现金 □支票 □银行卡 □预付款					领货方式	☑电子领货 □纸质领货		装车方		施封方		
货物名称	件数	包装	货物价格(元)	重量(kg)	箱型箱类	箱号	集装箱施封号		承运人确定重量(kg)	体积(m³)	运价号	计费重量(kg)	
花生油	40	桶装		4000					4000		5	4000	
奶　油	20	桶装		2000					2000			2000	
合计													
选择服务	□上门装车				费目	金额(元)	税额(元)		费目	金额(元)	税额(元)		
	□上门卸车				基本运费	550.46	49.54						
	☑保价运输 □装载加固材料 □仓储 □冷藏（保温）												
	其他服务												
增值税发票类型 ☑普通票 □专用票	受票方名称： 纳税人识别号： 地址、电话： 开户行及账号：				费用合计	600.00	大写		⊗陆佰元整				
托运人记事：			托运人签署		承运人记事：					承运人签署			

单据 5-4

ICBC 中国工商银行 托收凭证（付款通知） **5**

委托日期：2022年12月05日　　付款期限：2022年12月15日

业务类型	委托收款（☐邮划　☐电划）　托收承付（☐邮划　☑电划）					
付款人	全　称	苏州佳禾食品有限公司	收款人	全　称	山东富农粮油工业有限公司	
	账　号	1102020509006017060		账　号	37002629803057209578	
	地　址	江苏省苏州 市/县　开户行 工行工业园区支行		地　址	山东省济南 市/县　开户行 建行东环支行	
金额	人民币（大写）	叁万玖仟玖佰贰拾肆元整			千百十万千百十元角分：¥39924.00	
款项内容	货款	托收凭证名称			附寄单证张数	2
商品发货情况		合同名称号码				

备注：

复核　　记账

付款人开户银行签章　2022年12月05日

付款人注意：
1. 根据支付结算办法，上列委托收款（托收承付）款项在付款期限内未提出拒付，即视为同意付款，以此代付款通知。
2. 如需提出全部或部分拒付，应在规定期限内，将拒付理由书并附债务证明退交开户银行。

此联为付款人开户银行给付款人按期付款的通知

单据 5-5

材料采购运杂费分配表

2022年12月05日　　金额单位：元

供货单位	山东富农粮油工业有限公司			
材料名称	分配标准（千克）	分配率	分配金额	备注
花生油	4000	0.10	400.00	
奶　油	2000	0.10	200.00	
合　计	6000		600.00	

会计主管：苏珊　　复核：吴江　　制表：刘云

单据 5-6

苏州佳禾食品有限公司　材料入库单

2022年12月06日

供应单位：山东富农粮油工业有限公司　　入库编号：RK1202
发票号码：23673865　　收料仓库：原料库

材料名称	规格型号	计量单位	数量		实际成本（元）				备注
			应收	实收	单价	发票价格	采购费用	合计	
花生油	主材料	千克	4000	4000	4.60	18400.00	400.00	18800.00	
奶油	主材料	千克	2000	2000	8.20	16400.00	200.00	16600.00	
合计			6000	6000		34800.00	600.00	35400.00	

②财务联

仓库主管：　保管员：李建　记账：吴江　制单：程怡

【业务06】

单据 6-1

ICBC 中国工商银行　托收凭证（收账通知）　4

委托日期：2022年11月28日　　付款期限：2022年12月07日

业务类型	委托收款（□邮划 ☑电划）　托收承付（□邮划 □电划）			
付款人 全称	苏州美购超市有限公司	收款人 全称	苏州佳禾食品有限公司	
付款人 账号	20602009050005782	收款人 账号	1102020509006017060	
付款人 地址	江苏省苏州市/县　开户行：农行苏站支行	收款人 地址	江苏省苏州市/县　开户行：工行工业园区支行	
金额 人民币（大写）	柒万元整	千百十万千百十元角分	¥7000000	
款项内容	采购货款	托收凭证名称	商业承兑汇票	附寄单证张数：2
商品发货情况		合同名称号码		
备注： 复核　记账		上列款项已划回收入你方账户内。 收款人开户银行签章 2022年12月07日	（印章：中国工商银行 苏州工业园区支行 2022.12.07 转讫）	

此联付款人开户行凭以汇款或收款人开户行作收账通知

提示：该款项为收回的欠款。

【业务 07】

单据 7-1

ICBC 中国工商银行　　电子缴税付款凭证

转账日期：20221208　　　　凭证字号：53622097

纳税人全称及纳税人识别号：苏州佳禾食品有限公司 91320597688322520H

付款人全称：苏州佳禾食品有限公司

付款人账号：1102020509006017060　　征收机关名称：国家税务总局苏州市吴中区税务局

付款人开户银行：工商银行苏州工业园区支行　　收款国库(银行)名称：国家金库苏州市中心支库

小写(合计)金额：¥26000.00　　缴款书交易流水号：190135026569321

大写(合计)金额：贰万陆仟元整　　税票号码：00920780

税种名称	所属时间	实缴金额
增值税	20221101-20221130	¥26000.00

中国工商银行 苏州工业园区支行 2022.12.08 转讫

第二联　　作付款回单(无银行转讫章无效)　　复核　　记账

【业务 08】

单据 8-1

差旅费报销单

报销日期：2022年12月8日　　附单据3张

姓名		徐丽				出差事由		参加食品行业业务培训				
启程日期及地点			到达日期及地点			交通工具	金额	出差补助		住宿费		金额合计
月	日	地点	月	日	地点			天数	金额	地点	金额	
12	1	苏州	12	1	南京	高铁	105.00	2	200.00	南京	360.00	
12	3	南京	12	3	苏州	高铁	105.00					
合计							210.00		200.00		360.00	770.00

实报金额	人民币(大写)：柒佰柒拾元整	预借金额	应补金额	应退金额
		1000.00		230.00

财务经理：苏珊　　复核：吴江　　出纳：杨成　　报销人：徐丽

单据 8-2

D051263　　检票：二层10A检票口

苏州 站 Suzhou　　G7268 ——→　　南京 站 Nanjing

2022 年 12 月 01 日 8:30 开　　08 车 10A 号

¥ 105.00　　网　　二等座

限乘当日当次车

3205002000****1526 徐丽

168013005503R22214159　苏州售

F056982　　检票：二层09B检票口

南京 站 Nanjing　　G7017 ——→　　苏州 站 Suzhou

2022 年 12 月 03 日 8:05 开　　12 车 03F 号

¥ 105.00　　网　　二等座

限乘当日当次车

3205002000****1526 徐丽

10010300730629H057723　南京售

单据 8-3

江苏增值税电子普通发票

机器编号：602530752251

发票代码：032002100211
发票号码：36957260
开票日期：2022年12月03日
校 验 码：33205 82530 67099 92055

购买方	名　　称：苏州佳禾食品有限公司 纳税人识别号：91320597688322520H 地 址、电 话：苏州市吴江区中山南路518号0512-63497711 开户行及账号：中国工商银行苏州工业园区支行1102020509006017060			密码区	6+2*98//67#9<*5/6\3>78*6309<10*#90*9 *75+2++>54+90//720*206*\24*39*3#/#5 *30<*024#8>0*3<<<2+6563\7+5/4/6#\3* >/*<1<6+7>*7>7670>2/3#20*68*965#69\\		
货物或应税劳务、服务名称	规格型号	单位	数量	单价	金额	税率	税额
住宿服务*住宿费		天	2	169.81	339.62	6%	20.38
合　　计					¥339.62		¥20.38
价税合计（大写）	⊗ 叁佰陆拾元整				（小写）¥360.00		
销售方	名　　称：南京悦客酒店管理有限公司 纳税人识别号：913201923027022907 地 址、电 话：南京市江北新区龙华路60号025-52391563 开户行及账号：中国银行南京江北新区支行2302076980306098630			备注	南京悦客酒店管理有限公司 913201923027022907 发票专用章		

收款人：　　复核：　　开票人：潘盼　　销售方：（章）

单据 8-4

收款收据

NO. 230001

收款日期：2022 年 12 月08 日

交款单位或交款人		徐丽	收款方式			现金					
收款事由		归还多借的差旅费 现金收讫									
金额	人民币（大写）	⊗贰佰叁拾元整	十	万	千	百	十	元	角	分
					¥	2	3	0	0	0

第三联 记账联

财务经理：苏珊　　记账：吴江　　经办人：杨成

【业务 09】

单据 9-1

3200162330　　**江苏增值税专用发票**　　发票联　　No 35677030　　3200162330　35677030

校验码 26500 82566 32022 02060　　开票日期：2022年12月09日

购买方	名　　称：苏州佳禾食品有限公司 纳税人识别号：91320597688322520H 地 址、电 话：苏州市吴江区中山南路518号0512-63497711 开户行及账号：中国工商银行苏州工业园区支行1102020509006017060			密码区	/9*7/025*206\24*39*3#/#5*30<>0*3<<< 2+2563\7+5/4/6#*024#83*>>*7>76/*<1 <71>2\3>78*630/3#206+76+2*98//67#9<* 5/78<10*65#89*5+2+-+>54+90*68*9#502*		
货物或应税劳务、服务名称	规格型号	单位	数量	单价	金额	税率	税额
售电*工业用电		度	12500	0.80	10000.00	13%	1300.00
合　计					¥10000.00		¥1300.00
价税合计(大写)	⊗壹万壹仟叁佰元整				(小写)¥11300.00		
销售方	名　　称：国网江苏省电力有限公司苏州供电分公司 纳税人识别号：91320500834754538H 地 址、电 话：苏州市劳动路555号0512-68294631 开户行及账号：中国建设银行苏州市桐泾分理处68511101040002337			备注	国网江苏省电力有限公司苏州供电分公司 91320500834754538H 发票专用章		

收款人：　　复核：　　开票人：宏妍　　销售方：(章)

第三联：发票联 购买方记账凭证

税总函[2022] 320号 南京造币有限公司

单据 9-2

3200162330 **江苏增值税专用发票** № 35677030

抵扣联

3200162330

35677030

校验码 26500 82566 32022 02060　　开票日期：2022年12月09日

购买方	名　　称：苏州佳禾食品有限公司 纳税人识别号：9132059768832252OH 地 址、电 话：苏州市吴江区中山南路518号0512-63497711 开户行及账号：中国工商银行苏州工业园区支行1102020509006017060			密码区	/9*7/025*206\24*39*3#/#5*30<>0*3<<< 2+2563\7+5/4/6#*024#83*>>*7>76/*<1 <71>2\3>78*630/3#206+76+2*98//67#9<* 5/78<10*65#89*5+2+-+>54+90*68*9#502*		
货物或应税劳务、服务名称	规格型号	单位	数量	单价	金额	税率	税额
售电*工业用电		度	12500	0.80	10000.00	13%	1300.00
合　　计					¥10000.00		¥1300.00
价税合计（大写）	⊗壹万壹仟叁佰元整				（小写）¥11300.00		
销售方	名　　称：国网江苏省电力有限公司苏州供电分公司 纳税人识别号：91320500834754538H 地 址、电 话：苏州市劳动路555号0512-68294631 开户行及账号：中国建设银行苏州市桐泾分理处68511101040002337			备注	国网江苏省电力有限公司苏州供电分公司 91320500834754538H 发票专用章		

收款人：　　复核：　　开票人：宏妍　　销售方：（章）

第二联：抵扣联　购买方抵扣凭证

税总函[2022] 320号 南京造币有限公司

单据 9-3

中国工商银行　网上银行电子回单

电子回单号码：3056-0625-5863-1100　　打印日期：2022年12月09日

付款人	户　名	苏州佳禾食品有限公司	收款人	户　名	国网江苏省电力有限公司苏州供电分公司
	账　号	1102020509006017060		账　号	68511101040002337
	开户银行	中国工商银行苏州工业园区支行		开户银行	中国建设银行苏州市桐泾分理处
金额		¥11300.00	金额（大写）		人民币 壹万壹仟叁佰元整
摘要		电费	业务(产品)种类		跨行发报
用途		工业用电			
交易流水号		96826777	时间戳		2022-12-09-13.17.19.247983
中国工商银行 电子回单专用章		备注： 附言：指令编号653P9010201TP 提交人:SZJH90.c.4520 验证码：C6v/Lz8KD+Fv2DK6eB8Op0ehqY0			
记账网点	20390	记账柜员	00011	记账日期	2022年12月09日

【业务 10】

单据 10-1

中国工商银行
现金支票存根
10203210
63225977

附加信息

苏州佳禾食……财务专……

出票日期 2022 年 12 月 10 日

收款人：苏州佳禾食品有限公司	
金 额：¥10500.00	
用 途：支付工资	

单位主管 会计

南京特种印刷有限公司．2022 年印制

单据 10-2

工资结算汇总表（简表）

2022年12月10日 单位：元

部门	人员	应付工资	代扣伙食费	实发工资
生产车间	生产工人	8000.00	600.00	7400.00
	管理人员	1500.00	400.00	1100.00
管理部门	全体人员	2500.00	500.00	2000.00
合 计		12000.00	1500.00	10500.00

现金付讫

会计主管：苏珊 复核：郑普 制表：江伟

【业务 11】

单据 11-1

江苏省非税收入统一票据（电子）

票据代码：32010117
票据号码：658345312563
填制日期：20221208

执法单位名称：苏州市城市管理综合执法局
执法单位编码：2050595305

付款人	全　称：苏州佳禾食品有限公司 账　号：1102020509006017060 开户银行：中国工商银行苏州工业园区支行	收款人	全　称：苏州市市级非税收入财政汇缴专户 账　号：7323010195900000113 开户银行：中国银行苏州长三角一体化示范区分行

币种：RMB　金额（大写）叁佰伍拾元整　（小写）350.00

项目编码	收入项目名称	单位	数量	收缴标准	金额
503040115	环境卫生费	次	1	350.00	350.00

执收单位（盖章）　经办人：　备注：

付款期为10天(节假日顺延)，过期无效。

单据 11-2

中国工商银行　网上银行电子回单

电子回单号码：7025-2605-3823-1100　打印日期：2022年12月12日

付款人	户　名	苏州佳禾食品有限公司	收款人	户　名	苏州市市级非税收入财政汇缴专户
	账　号	1102020509006017060		账　号	7323010195900000113
	开户银行	中国工商银行苏州工业园区支行		开户银行	中国银行苏州长三角一体化示范区分行
金额		¥350.00	金额（大写）		人民币 叁佰伍拾元整
摘要		环境卫生费	业务(产品)种类		跨行发报
用途		苏州市城市管理综合执法局环境卫生费			
交易流水号		70790826	时间戳		2022-12-12-32.57.29.237298
		备注： 附言：指令编号T015023P601B　提交人:SZJH90.c.4520 验证码：KDLz8+Fv2DK6e8C6v/Y0p0ehqB8			
记账网点	30580	记账柜员	00002	记账日期	2022年12月12日

【业务 12】

单据 12-1

3200162330　　**江苏增值税专用发票**　　No 03672836　　3200162330　03672836

校验码 62533 72566 32065 82397　　此联不作报销、扣税凭证使用　　开票日期：2022年12月13日

购买方	名　　称：南京苏宁环球商贸有限公司 纳税人识别号：913201067673706839 地 址、电 话：南京市鼓楼区清江路99号025-85763200 开户行及账号：中国工商银行南京鼓楼支行4301032637253964530				密码区	0+>54+90*6/Q*3#/#5*30<>0*3<<<2+2563\7+5/4/6#*024#83*>/*<1<>*7>7671>2\3>78*630/3#266+2*98//67#9<*5/S7<10*#89*9*75+2+R6+>54+90*68*S75#502630/R6*024#83*>/*<1<9*75+2+R>*7>7671#83+Q7	
货物或应税劳务、服务名称	规格型号	单位	数量	单价	金额	税率	税额
焙烤食品*奶油饼干		千克	7000	4.82	33740.00	13%	4386.20
合　　计					¥33740.00		¥4386.20
价税合计(大写)	⊗叁万捌仟壹佰贰拾陆元贰角整				(小写)¥38126.20		
销售方	名　　称：苏州佳禾食品有限公司 纳税人识别号：91320597688322520H 地 址、电 话：苏州市吴江区中山南路518号0512-63497711 开户行及账号：中国工商银行苏州工业园区支行1102020509006017060				备注		

收款人：　　复核：　　开票人：吴江　　销售方：(章)

税总函[2022] 320号 南京造币有限公司

第一联：记账联　销售方记账凭证

单据 12-2

ICBC 中国工商银行　进账单（收账通知）　3

2022 年12月13 日　　第 220689 号

出票人	全　称	南京苏宁环球商贸有限公司	收款人	全　称	苏州佳禾食品有限公司
	账　号	4301032637253964530		账　号	1102020509006017060
	开户银行	中国工商银行南京鼓楼支行		开户银行	中国工商银行苏州工业园区支行
金额	人民币(大写)	叁万捌仟壹佰贰拾陆元贰角整		千 百 十 万 千 百 十 元 角 分	¥ 3 8 1 2 6 2 0
票据种类	转账支票	票据张数	1		
票据号码	65305762				
	复核　　记账			收款人开户银行签章	

中国工商银行 苏州工业园区支行 2022.12.13 转讫

此联是收款人开户银行交给收款人的收账通知

【业务 13】

单据 13-1

机器编号：7805332393

江苏增值税电子专用发票

发票代码:3200662130
发票号码:25148163
开票日期:2022年12月13日
校 验 码:03275 02526 32023 62055

购买方	名　　称:苏州佳禾食品有限公司 纳税人识别号:91320597688322520H 地 址、电 话:苏州市吴江区中山南路518号0512-63497711 开户行及账号:中国工商银行苏州工业园区支行1102020509006017060			密码区	0<50#12>>206#2<<3#03*1052#32/67*I166 \9*#\<0/+2/5<108>9*285>#292/74#97<25 <0*7*222>02><4/#23*2#0<\//28*\\5027/ <46//0<45\60\27/<<<*3<6*562<<85>4*<0		
货物或应税劳务、服务名称	规格型号	单位	数量	单价	金额	税率	税额
电信服务*宽带服务费			1	1500.00	1500.00	6%	90.00
合　　计					¥1500.00		¥90.00
价税合计(大写)	⊗ 壹仟伍佰玖拾元整				(小写)¥1590.00		
销售方	名　　称:中国联合网络通信有限公司苏州分公司 纳税人识别号:913205058377527060 地 址、电 话:苏州市虎丘区滨河路130号0512-66993060 开户行及账号:中国建设银行苏州滨河路支行32023662101012106 3205			备注	宽带服务期: 2023.01.01-2023.06.30		

收款人:　　　　复核:　　　　开票人:章雅　　　　销售方:(章)

单据 13-2

中国工商银行 网上银行电子回单

电子回单号码：0035-0256-0152-1100　　　　打印日期：2022年12月13日

付款人	户　名	苏州佳禾食品有限公司	收款人	户　名	中国联合网络通信有限公司苏州分公司
	账　号	1102020509006017060		账　号	32023662101012106 3205
	开户银行	工商银行苏州工业园区支行		开户银行	建设银行苏州滨河路支行
金额		¥1590.00	金额（大写）		人民币 壹仟伍佰玖拾元整
摘要		宽带服务费	业务(产品)种类		跨行发报
用途		支付2023年1月~6月宽带服务费			
交易流水号		15003211	时间戳		2022-12-13-20.53.03.006.217
中国工商银行 电子回单 专用章		备注： 附言：指令编号653P7014P3207D 提交人:SZJH90.c.4520 验证码：O32eCdLtp2Jzv9e1xOLmqH5o7N40=			
记账网点	00214	记账柜员	0007	记账日期	2022年12月13日

【业务 14】

单据 14-1

中国工商银行
现金支票存根
10203210
63225978

附加信息

出票日期　2022 年 12 月 13 日

收款人：苏州佳禾食品有限公司

金　额：¥1000.00

用　途：备用金

单位主管　　　会计

南京特种印刷有限公司.2022 年印制

苏州佳禾食……
财务专……

【业务 15】

单据 15-1

差旅费报销单

报销日期：2022年12月13日　　　　附单据3张

姓名			李俊			出差事由		参加食品行业展销会				
启程日期及地点			到达日期及地点			交通工具	金额	出差补助		住宿费		金额合计
月	日	地点	月	日	地点			天数	金额	地点	金额	
12	5	苏州	12	5	北京	高铁	552.00	4	400.00	北京	848.00	
12	9	北京	12	9	苏州	高铁	550.00					
合计							1102.00		400.00		848.00	2350.00
实报金额	人民币(大写)：贰仟叁佰伍拾元整						预借金额		应补金额		应退金额	
							2000.00		350.00			

财务经理：苏珊　　复核：吴江　　出纳：杨成　　报销人：李俊

单据 15-2

U273260　　检票：二层10A检票口

苏州 站 Suzhou　G322 ⟶　北京 站 Beijing

2023 年 12 月 05 日 8:20 开　12 车 10C 号

¥ 552.00　网　二等座

限乘当日当次车

3205002001****0532 李俊

208013335503R22212795 苏州售

K560932　　检票：二层06B检票口

北京 站 Beijing　G608 ⟶　苏州 站 Suzhou

2023 年 12 月 09 日 8:05 开　10 车 08E 号

¥ 550.00　网　二等座

限乘当日当次车

3205002001****0532 李俊

398103577306297723H05 北京售

单据 15-3

北京增值税电子专用发票

机器编号：805330670

发票代码：011002105135
发票号码：61823707
开票日期：2022年12月13日
校 验 码：02275 62706 55700 62055

购买方	名　　称：苏州佳禾食品有限公司 纳税人识别号：91320597688322520H 地 址、电 话：苏州市吴江区中山南路518号0512-63497711 开户行及账号：中国工商银行苏州工业园区支行1102020509006017060	密码区	<<<*3<6*550#12>>206#2<<3#03*1052#32/ 67*I166\9*#\<0/+2/5<108>9*285>#292/7 4#97<25<0*7*222>02><*2#0<\//28*\\502 7/<46/4/#23/0<45\60\27/62<<85>4*<060

货物或应税劳务、服务名称	规格型号	单位	数量	单价	金额	税率	税额
住宿服务*住宿费			4	200.00	800.00	6%	48.00
合　　计					¥800.00		¥48.00
价税合计（大写）	⊗ 捌佰肆拾捌元整				（小写）¥848.00		

销售方	名　　称：北京华宇酒店管理有限公司 纳税人识别号：91110115742300387 6 地 址、电 话：北京市朝阳区建国门外大街21号010-64606688 开户行及账号：中国农业银行北京建国门支行360204631920000671 6	备注	住宿期间： 12月5日~12月8日

收款人：　　复核：　　开票人：王妃　　销售方：（章）

单据 15-4

付 款 凭 证

付款日期：2022 年 12 月13 日

领款单位或领款人		李俊				付款方式		现金			
付款事由		差旅费补款									
金额	人民币（大写）	⊗叁佰伍拾元整 现金付讫	十	万	千	百	十	元	角	分	
					¥	3	5	0	0	0	

第二联 记账联

财务经理：苏珊　　经办人：杨成

【业务 16】

单据 16-1

江苏增值税专用发票

3200162330　№ 03672837　3200162330 03672837

此联不作报销、扣税凭证使用

校验码 62533 72566 32065 82397　　开票日期：2022年12月14日

购买方	名称：苏州美购超市有限公司 纳税人识别号：913205080A62JH8023 地址、电话：苏州市姑苏区苏站路62号0512-67168168 开户行及账号：中国农业银行苏州市苏站支行20602009050005782	密码区	90*68*S7+>54+90*6/Q*3#/#5*30<>0*3</* <<2+25/*63\7+5/4/6#*04#83*>/*<1<>* 7>71>2\3>78*630/3#266+2*98//67#9<*5/ S7<10*#89*9*75+2+R6+>55*#026*#30/R6* 024#83*>/*<1<9*75+2+R>*7>7671#83+Q7

货物或应税劳务、服务名称	规格型号	单位	数量	单价	金额	税率	税额
焙烤食品*奶油饼干		千克	13000	4.82	62660.00	13%	8145.80
合计					¥62660.00		¥8145.80
价税合计（大写）	⊗柒万零捌佰零伍元捌角整				（小写）¥70805.80		

销售方	名称：苏州佳禾食品有限公司 纳税人识别号：91320597688322520H 地址、电话：苏州市吴江区中山南路518号0512-63497711 开户行及账号：中国工商银行苏州工业园区支行1102020509006017060	备注	

收款人：　　复核：　　开票人：吴江　　销售方：（章）

第一联：记账联 销售方记账凭证

税总函[2022] 320号 南京造币有限公司

单据 16-2

ICBC 中国工商银行　进账单（收账通知）　3

2022年12月14日　　　　　　　　第 628529 号

出票人	全　称	苏州美购超市有限公司	收款人	全　称	苏州佳禾食品有限公司
	账　号	20602009050005782		账　号	11020205090006017060
	开户银行	中国农业银行苏州市苏站支行		开户银行	中国工商银行苏州工业园区支行

金额	人民币（大写）	千	百	十	万	千	百	十	元	角	分
	壹万伍仟元整			¥	1	5	0	0	0	0	0

票据种类	转账支票	票据张数	1
票据号码	55365760		
复核	记账	收款人开户银行签章（中国工商银行 苏州工业园区支行 2022.12.14 转讫）	

此联是收款人开户银行交给收款人的收账通知

提示：收回部分款项，其余尚未收到。

【业务 17】

单据 17-1

机器编号：3615334500

江苏增值税电子普通发票

发票代码：032002100211
发票号码：66017060
开票日期：2022年12月14日
校　验　码：23295 82569 32632 72052

购买方	名　　称：苏州佳禾食品有限公司 纳税人识别号：91320597688322520H 地 址、电 话：苏州市吴江区中山南路518号0512-63497711 开户行及账号：中国工商银行苏州工业园区支行11020205090006017060	密码区	0*#90/54+90*6/720*206*\24*39*3#/#5* 30<>0*3<<<2+6563\7+5/4/6#*024#83*> /*<1<>*7>76/3#206+70>2\3>78*63076+2* 98//67#9<*5/69<1*9*75+2++>54+90*68*9

货物或应税劳务、服务名称	规格型号	单位	数量	单价	金额	税率	税额
现代服务*广告设计		次	1		1456.31	3%	43.69
合　计					¥1456.31		¥43.69
价税合计（大写）	⊗ 壹仟伍佰元整				（小写）¥1500.00		

销售方	名　　称：苏州美太广告传播有限公司 纳税人识别号：91320594086902872X 地 址、电 话：苏州市工业园区乐嘉大厦16层0512-66607551 开户行及账号：招商银行苏州工业园区支行571910927510902	备注	（苏州美太广告传播有限公司 91320594086902872X 发票专用章）

收款人：　　　复核：　　　开票人：汪伟　　　销售方：（章）

单据 17-2

中国工商银行 网上银行电子回单

电子回单号码：6925-0266-0052-1100　　　　打印日期：2022年12月14日

付款人	户　名	苏州佳禾食品有限公司	收款人	户　名	苏州美太广告传播有限公司
	账　号	1102020509006017060		账　号	571910927510902
	开户银行	中国工商银行苏州工业园区支行		开户银行	招商银行苏州工业园区支行
金额		¥1500.00	金额（大写）		人民币 壹仟伍佰元整
摘要		广告设计费	业务(产品)种类		跨行发报
用途					
交易流水号		35003211	时间戳		2022-12-14-00.23.93.005.620
中国工商银行 电子回单 专用章		备注： 附言：指令编号6PH373P30102Y55 提交人:SZJH90.c.4520 验证码：O32eCdLtp2Jzv9e1xOLmqH5o7N40=			
记账网点	0092	记账柜员	0002	记账日期	2022年12月14日

【业务 18】

单据 18-1

江苏增值税电子普通发票

机器编号：9175307530

发票代码:632002100200
发票号码:63602085
开票日期:2022年12月16日
校 验 码:23295 82569 32632 72052

购买方	名　　称:苏州佳禾食品有限公司 纳税人识别号:91320597688322520H 地 址、电 话:苏州市吴江区中山南路518号0512-63497711 开户行及账号:中国工商银行苏州工业园区支行1102020509006017060	密码区	0*#90/54+90*6/720*206*\24*39*3#/#5* 30<>0*3<<<2+6563\7+5/4/6#*024#83*> /*<1<>*7>76/3#206+70>2\3>78*63076+2* 98//67#9<*5/69<1*9*75+2++>54+90*68*9

货物或应税劳务、服务名称	规格型号	单位	数量	单价	金额	税率	税额
纸制品*复印纸		盒	3		120.00	3%	3.60
文具*自动水笔		支	20		60.00	3%	1.80
墨水*普通墨水		盒	1		20.00	3%	0.60
合　计					¥200.00		¥6.00
价税合计(大写)	⊗ 贰佰零陆元整				(小写)¥206.00		

销售方	名　　称:苏州优品文具有限公司 纳税人识别号:913205007283612205 地 址、电 话:苏州市吴江区花园路1880号0512-66607551 开户行及账号:苏州银行吴江支行6115000011696029 30	备注	苏州优品文具有限公司 913205007283612205 发票专用章

收款人:　　　　复核:　　　　开票人:付涛　　　　销售方:(章)

单据 18-2

付 款 凭 证

付款日期：2022 年 12 月16 日

领款单位或领款人		苏州优品文具有限公司				付款方式			现金	
付款事由		支付办公用品采购货款								
金额	人民币（大写）	⊗贰佰零陆元整 现金付讫	十	万	千	百	十	元	角	分
					¥	2	0	6	0	0

第二联 记账联

财务经理：苏珊　　　　经办人：杨斌

【业务 19】

单据 19-1

江苏增值税专用发票

3200562130　　发票联　　№ 30672032　　3200516213０ 30672032

校验码 82525 82566 32022 82003　　开票日期： 2022年12月16日

购买方	名　　称：苏州佳禾食品有限公司 纳税人识别号：91320597688322520H 地 址、电 话：苏州市吴江区中山南路518号0512-63497711 开户行及账号：中国工商银行苏州工业园区支行1102020509006017060	密码区	*68*9025*2089*6*\24*39*3#/#5*30<>0* 3<<<2+2563\7+5/4/6#*024#83*>/*<1<> *7>7671>*632\3>780/3#206+76+2*98//67 #9<*5/78<10*#9*75+>54+9065#502#83*0

货物或应税劳务、服务名称	规格型号	单位	数量	单价	金额	税率	税额
谷物细粉*小麦粉		千克	5000	3.80	19000.00	9%	1710.00
合　　计					¥19000.00		¥1710.00
价税合计（大写）	⊗贰万零柒佰壹拾元整				（小写）¥20710.00		

销售方	名　　称：苏州大丰面粉有限公司 纳税人识别号：91320507748186511L 地 址、电 话：苏州市相城区黄埭镇现代农业区0512-58512908 开户行及账号：中国农业银行苏州黄埭支行35069301040505079	备注	苏州大丰面粉有限公司 91320507748186511L 发票专用章

收款人：　　　复核：　　　开票人：彭倩　　　销售方：(章)

第三联：发票联 购买方记账凭证

税总函[2022] 320号 南京造币有限公司

单据 19-2

3200562130 **江苏增值税专用发票** №30672032 32005162130

30672032

抵扣联

校验码 82525 82566 32022 82003 开票日期： 2022年12月16日

购买方	名　　称：苏州佳禾食品有限公司 纳税人识别号：91320597688322520H 地 址、电 话：苏州市吴江区中山南路518号0512-63497711 开户行及账号：中国工商银行苏州工业园区支行1102020509006017060			密码区	*68*9025*2089*6*\24*39*3#/#5*30<>0* 3<<<2+2563\7+5/4/6#*024#83*>/*<1<> *7>7671>*632\3>780/3#206+76+2*98//67 #9<*5/78<10*#9*75+>54+9065#502#83*0		
货物或应税劳务、服务名称	规格型号	单位	数量	单价	金额	税率	税额
谷物细粉*小麦粉		千克	5000	3.80	19000.00	9%	1710.00
合　计					¥19000.00		¥1710.00
价税合计（大写）	⊗贰万零柒佰壹拾元整				（小写）¥20710.00		
销售方	名　　称：苏州大丰面粉有限公司 纳税人识别号：91320507748186511L 地 址、电 话：苏州市相城区黄埭镇现代农业区0512-58512908 开户行及账号：中国农业银行苏州黄埭支行35069301040505079			备注	苏州大丰面粉有限公司 91320507748186511L 发票专用章		

收款人：　　复核：　　开票人：彭倩　　销售方：（章）

第二联：抵扣联　购买方抵扣凭证

税总函[2022] 320号 南京造币有限公司

单据 19-3

中国工商银行
转账支票存根
10203210
50225037

附加信息

出票日期　2022 年 12 月 16 日

收款人：	苏州大丰面粉有限公司
金　额：	¥20000.00
用　途：	面粉采购货款

单位主管　　会计

南京特种印刷有限公司.2022 年印制

提示：部分采购货款暂欠。

单据 19-4

苏州佳禾食品有限公司　材料入库单

2022年12月16日

供应单位：苏州大丰面粉有限公司　　　　入库编号：RK1203
发票号码：30672032　　　　收料仓库：原料库

材料名称	规格型号	计量单位	数量		实际成本				备注
			应收	实收	单价	发票价格	采购费用	合计	
小麦粉	主材料	千克	5000	5000	3.80	19000.00		19000.00	
合　计			5000	5000		19000.00		19000.00	

②财务联

仓库主管：　保管员：李建　记账：吴江　制单：程怡

【业务 20】

单据 20-1

江苏增值税电子专用发票

机器编号：3075306237

发票代码：532602900200
发票号码：83302055
开票日期：2022年12月17日
校 验 码：32632 23095 82569 72032

购买方	名　称：苏州佳禾食品有限公司 纳税人识别号：91320597688322520H 地 址、电 话：苏州市吴江区中山南路518号0512-63497711 开户行及账号：中国工商银行苏州工业园区支行1102020509006017060	密码区	0*#9*750/54+90*6/720*206*\24*39*3#/ #5*30<>0*3<<<2+65#9<*67+5/4/6#*024# 83*>/*<1<>*7>76/3#206+70>2\3>78*633 \076+2*99<1*8//675/69+2+>54+90*68*9+

货物或应税劳务、服务名称	规格型号	单位	数量	单价	金额	税率	税额
修理修配劳务*汽车维修		次	1	690.27	690.27	13%	89.73
合　计					¥690.27		89.73
价税合计（大写）	⊗ 柒佰捌拾元整				（小写）¥780.00		

销售方	名　称：苏州顺驰汽车养护有限公司 纳税人识别号：91320507732852709U 地 址、电 话：苏州吴江区中山南路国际汽车城D座0512-66382778 开户行及账号：中国建设银行吴江分行营业部35032200070029683	备注	苏州顺驰汽车养护有限公司 91320507732852709U 发票专用章

收款人：　复核：　开票人：崔谷盈　销售方：（章）

单据 20-2

中国工商银行 网上银行电子回单

电子回单号码：6022-8206-0656-1100　　打印日期：2022年12月17日

付款人	户　名	苏州佳禾食品有限公司	收款人	户　名	苏州顺驰汽车养护有限公司
	账　号	1102020509006017060		账　号	35032200070029683
	开户银行	工商银行苏州工业园区支行		开户银行	建设银行吴江分行营业部
金额		¥780.00	金额（大写）		人民币 柒佰捌拾元整
摘要		汽车养护费	业务(产品)种类		跨行发报
用途		汽车养护费			
交易流水号		32150331	时间戳		2022-12-17-32.23.03.005.325
中国工商银行 电子回单 专用章		备注： 附言：指令编号62E3203Q79187I 提交人:SZJH90.c.4520 验证码：L232e3de1xJH5o70tpDfEzv96Lmq			
记账网点	0028	记账柜员	0005	记账日期	2022年12月17日

【业务 21】

单据 21-1

ICBC 中国工商银行　贷款(还款)凭证（回单）

日期：2022年12月20日　　银行编号：562003708330

借款单位	名　称	苏州佳禾食品有限公司	付款单位	名　称	苏州佳禾食品有限公司												
	账　号	1102020509006017060		账　号	1102020509006017060												
	开户银行	工商银行苏州工业园区支行		开户银行	工商银行苏州工业园区支行												
计划还款日期		2022年12月20日	还款次序														
还款金额		壹万元整				亿	千	百	十	万	千	百	拾	元	角	分	
									¥	1	0	0	0	0	0	0	
备注：归还短期借款			上述借款已从你单位开户银行户内转还。 借款单位： (银行盖章) 中国工商银行 苏州工业园区支行 2022.12.20 转讫 2022年12月20日														

此联转账回单　代往来支款通知

【业务 22】

单据 22-1

江苏增值税专用发票

发票联

3200562130　　校验码 02520 32502 32073 52021

№ 80226005　　32005162130　　80226005

开票日期：2022年12月20日

购买方	名　　称：苏州佳禾食品有限公司 纳税人识别号：91320597688322520H 地 址、电 话：苏州市吴江区中山南路518号0512-63497711 开户行及账号：中国工商银行苏州工业园区支行1102020509006017060	密码区	3>780/3#2*68*90502#83*25*2089*6*\24 *39*3#/#5*30<>0*3<<<2+2563\7+5/4*02 4#83*>/*<1</6#\>*7>7671>*632\06+76+ 2*98//67#9<*75+>5/78<10*#9*54+9065#0

货物或应税劳务、服务名称	规格型号	单位	数量	单价	金额	税率	税额
工业车辆*电动(起升)车辆		辆	1	26600.00	26600.00	13%	3458.00
合　　计					¥26600.00		¥3458.00
价税合计(大写)	⊗叁万零伍拾捌元整				(小写)¥30058.00		

销售方	名　　称：苏州夯威叉车有限公司 纳税人识别号：91320590560372316X 地 址、电 话：苏州市工业园区东富路8号0512-62794393 开户行及账号：中国银行苏州工业园区支行329601007050509820	备注	

收款人：　　复核：　　开票人：王新　　销售方：(章)

税总函[2022] 320号 南京造币有限公司

第三联：发票联　购买方记账凭证

单据 22-2

江苏增值税专用发票

抵扣联

3200562130　　校验码 02520 32502 32073 52021

№ 80226005　　32005162130　　80226005

开票日期：2022年12月20日

购买方	名　　称：苏州佳禾食品有限公司 纳税人识别号：91320597688322520H 地 址、电 话：苏州市吴江区中山南路518号0512-63497711 开户行及账号：中国工商银行苏州工业园区支行1102020509006017060	密码区	3>780/3#2*68*90502#83*25*2089*6*\24 *39*3#/#5*30<>0*3<<<2+2563\7+5/4*02 4#83*>/*<1</6#\>*7>7671>*632\06+76+ 2*98//67#9<*75+>5/78<10*#9*54+9065#0

货物或应税劳务、服务名称	规格型号	单位	数量	单价	金额	税率	税额
工业车辆*电动(起升)车辆		辆	1	26600.00	26600.00	13%	3458.00
合　　计					¥26600.00		¥3458.00
价税合计(大写)	⊗叁万零伍拾捌元整				(小写)¥30058.00		

销售方	名　　称：苏州夯威叉车有限公司 纳税人识别号：91320590560372316X 地 址、电 话：苏州市工业园区东富路8号0512-62794393 开户行及账号：中国银行苏州工业园区支行329601007050509820	备注	

收款人：　　复核：　　开票人：王新　　销售方：(章)

税总函[2022] 320号 南京造币有限公司

第二联：抵扣联　购买方抵扣凭证

单据 22-3

中国工商银行 网上银行电子回单

电子回单号码：7825-1236-4052-1100　　　　打印日期：2022年12月20日

付款人	户　名	苏州佳禾食品有限公司	收款人	户　名	苏州夯威叉车有限公司
	账　号	1102020509006017060		账　号	329601007050509820
	开户银行	工商银行苏州工业园区支行		开户银行	中国银行苏州工业园区支行
金额		¥30058.00	金额（大写）		人民币 叁万零伍拾捌元整
摘要		货款	业务(产品)种类		跨行发报
用途		支付电动(起升)车辆采购款			
交易流水号		92003258	时间戳		2022-12-20-90.26.93.045.300
中国工商银行 电子回单 专用章		备注： 附言：指令编号6E32J730K013P25 提交人:SZJH90.c.4520			
		验证码：O32eCdLtp2Jzv9e1xOLmqH5o7N40=			
记账网点	0029	记账柜员	0003	记账日期	2022年12月20日

提示：该工具车无需安装，已交付车间使用。

【业务 23】

单据 23-1

ICBC 中国工商银行　计收利息清单（支款通知）

日期：2022年12月20日　　　银行编号：562003708330

户　名	苏州佳禾食品有限公司		账　号	1102020509006017060	
计息起止时间	2022年9月21日～2022年12月20日				
贷款种类	贷款账号	计息日贷款余额	计息积数	月利率	计收利息金额
	301012205113729366		362000	2‰	2172.00
利息金额： 人民币（大写）贰仟壹佰柒拾贰元整					亿 千 百 十 万 千 百 十 元 角 分 ¥ 2 1 7 2 0 0
上列贷款利息已从你单位银行账户扣付。 中国工商银行 苏州工业园区支行 2022.12.20 转讫 借款单位（银行盖章）					备注

单位主管　　　会计　　　复核　　　记账

提示：10月、11月已预提1 500元。

【业务 24】

单据 24-1

ICBC 中国工商银行 进账单（收账通知） 3

2022年12月25日　　　　第 729526 号

出票人	全　称	苏州美购超市有限公司	收款人	全　称	苏州佳禾食品有限公司
	账　号	20602009050005782		账　号	1102020509006017060
	开户银行	中国农业银行苏州市苏站支行		开户银行	中国工商银行苏州工业园区支行
金额	人民币（大写）	伍万伍仟捌佰零伍元捌角整		千百十万千百十元角分	¥5580580
票据种类	转账支票	票据张数	1		
票据号码	55365765				
	复核　　记账			收款人开户银行签章（中国工商银行苏州工业园区支行 2022.12.25 转讫）	

此联是收款人开户银行交给收款人的收账通知

提示：收到苏州美购超市有限公司欠销货款。

【业务 25】

单据 25-1

3200162330　　**江苏增值税专用发票**　　№ 30402630　3200162330　30402630

校验码 02533 72662 02055 32390　　此联不作报销、扣税凭证使用　　开票日期：2022年12月25日

购买方	名　　称：苏州乐家超市有限公司 纳税人识别号：913205940880036511 地 址、电 话：苏州市吴中区东方大道1号0512-81878888 开户行及账号：中国邮政储蓄银行吴中支行9306964502150022			密码区	92+R6+>50*68*S7+>54+90*6/Q*3#/#5*30< >0*3</*<<2+25/*63\7+5/4/6#*04#83*> /*<1<>*7>71>2\3>78*630/3#6+2*98//67# 9<*5/S7<0*#89*9*75+R6+>55*#026*#30/R 6*4#83*>/*<1<9*75+2+R>*7>7671#83+Q7		
货物或应税劳务、服务名称	规格型号	单位	数量	单价	金额	税率	税额
焙烤食品*奶油饼干		千克	5000	4.82	24100.00	13%	3133.00
合　计					¥24100.00		¥3133.00
价税合计（大写）	⊗贰万柒仟贰佰叁拾叁元整				（小写）¥27233.00		
销售方	名　　称：苏州佳禾食品有限公司 纳税人识别号：91320597688322520H 地 址、电 话：苏州市吴江区中山南路518号0512-63497711 开户行及账号：中国工商银行苏州工业园区支行1102020509006017060			备注			

收款人：　　复核：　　开票人：吴江　　销售方：（章）

第一联：记账联　销售方记账凭证

税总函[2022] 320号 南京造币有限公司

单据 25-2

中国工商银行 网上银行电子回单

电子回单号码：6032-0206-9215-1100　　　　打印日期：2022年12月25日

付款人	户　名	苏州乐家超市有限公司	收款人	户　名	苏州佳禾食品有限公司
	账　号	9306964502150022		账　号	1102020509006017060
	开户银行	邮政储蓄银行吴中支行		开户银行	工商银行苏州工业园区支行
金额		¥27233.00	金额（大写）		人民币 贰万柒仟贰佰叁拾叁元整
摘要		支付货款	业务(产品)种类		跨行发报
用途					
交易流水号		80350671	时间戳		2022-12-25-00.23.03.225.303
中国工商银行 电子回单 专用章		验证码：0tpfEzv9m232e3de1xJH6L05o7q			
记账网点	0022	记账柜员	001	记账日期	2022年12月25日

【业务 26】

单据 26-1

发料凭证汇总表

2022 年 12 月 31 日　　　　金额单位：元

材料名称	计量单位	加权平均单价	消耗材料		用　途
			数　量	实际成本	
白砂糖	千克		3720		产品生产用
花生油	千克		1920		产品生产用
小麦粉	千克		12000		产品生产用
奶　油	千克		300		产品生产用
合　计	—	—	—		

会计主管：苏珊　　　　复核：吴江　　　　制表：解然

提示：单价和金额均保留到分位。

单据 26-2

其他材料费用汇总表

2022 年 12 月 31 日　　单位：元

领料单位	材料名称	单价	金额	用途
饼干车间	略	略	3000.00	车间
管理部门	略	略	1200.00	
合计	—	—	4200.00	

会计主管：苏珊　　复核：吴江　　制表：解然

【业务 27】

单据 27-1

外购动力（电力）费用分配表

2022 年 12 月 31 日　　单位：元

车间(部门)	分配金额
饼干车间	9580.00
产品生产用	9180.00
一般用	400.00
管理部门	420.00
合计	10000.00

会计主管：苏珊　　复核：吴江　　制表：解然

【业务 28】

单据 28-1

折旧费用分配表

2022 年 12 月 31 日　　单位：元

车间(部门)	本月固定资产折旧费
饼干车间	17000.00
管理部门	3000.00
合计	20000.00

会计主管：苏珊　　复核：吴江　　制表：解然

【业务 29】

单据 29-1

工资费用分配表

2022 年 12 月 31 日　　　　单位：元

车间(部门)		分配金额	备 注
生产车间	生产工人	8000.00	
	车间管理人员	1500.00	
管理部门	行政管理人员	2500.00	
合　计		12000.00	

会计主管：苏珊　　　　复核：吴江　　　　制表：解然

提示：根据人事提供的工资单汇总。

【业务 30】

单据 30-1

工会经费计提表

2022 年 12 月 31 日　　　　单位：元

车间(部门)		计提基数	计提比例	生产成本	制造费用	管理费用	合　计
生产车间	生产工人	8000.00	2%				
	管理人员	1500.00	2%				
管理部门	行政管理人员	2500.00	2%				
合　计		12000.00					

会计主管：苏珊　　　　复核：吴江　　　　制表：解然

【业务 31】

单据 31-1

制造费用分配表

2022 年 12 月 31 日　　　　单位：元

成本计算对象	生产实用工时	费用总额
奶油饼干	18000	
合计		

会计主管：苏珊　　　　复核：吴江　　　　制表：解然

【业务 32】

单据 32-1

完工产品入库汇总表

2022 年 12 月 31 日　　　　金额单位：元

产品名称	本月完工产量（件）	单位成本	总成本
奶油饼干	26070		
合计	26070		

会计主管：苏珊　　　　复核：吴江　　　　制表：解然

【业务 33】

单据 33-1

产品销售汇总表

2022 年 12 月 31 日　　　　金额单位：元

项　目	奶油饼干	
	数量（千克）	金额
月初结存	23000	73140
本月入库	26070	
加权平均单价		
本月销售	25000	

会计主管：苏珊　　　　复核：吴江　　　　制表：解然

提示：平均单价，金额均保留到分位，以下四舍五入。

【业务 34】

单据 34-1

应交城市维护建设税计算单

2022 年 12 月 31 日　　单位：元

项　目	计税依据	税　率	应交税金
城市维护建设税		7%	
合　计			

会计主管：苏珊　　复核：吴江　　制表：解然

【业务 35】

单据 35-1

应交教育费附加计算单

2022 年 12 月 31 日　　单位：元

项　目	计税依据	征收率	应交费用
教育费附加		3%	
合　计			

会计主管：苏珊　　复核：吴江　　制表：解然

【业务 36】

单据 36-1

应交所得税计算表

2022 年 12 月 31 日　　单位：元

项　目	金　额
本月计税金额	
所得税税率	25%
本月应交所得税	

会计主管：苏珊　　复核：吴江　　制表：解然

提示：按照利润总额计算应交所得税。

单据 36-2

利 润 计 算 单

2022 年 12 月 31 日　　单位：元

收入类账户	发生额	费用类账户	发生额
主营业务收入		主营业务成本	
		销售费用	
		税金及附加	
		管理费用	
		财务费用	
		所得税费用	
合　计		合　计	

会计主管：苏珊　　复核：吴江　　制表：解然

第三部分

仿真实训作业材料

材料名称	数量	材料名称	数量
收款凭证	14	多栏式明细分类账账页	8
付款凭证	30	资产负债表	2
转账凭证	36	利润表	2
总分类账账页	36	实训报告	1
库存现金日记账账页	2	总分类账、日记账、明细分类账的启用交接表	各 1
银行存款日记账账页	4	总分类账、明细分类账的目录	各 1
三栏式明细分类账账页	38	记账凭证、总分类账、日记账、明细分类账、会计报表的封面、封底	各 1
数量金额式明细分类账账页	10	凭证包角	2
应交增值税明细账账页	2		

收款凭证

收字第______号

借方科目：　　　　年　　月　　日

摘要	贷方科目		金额										记账
	总账科目	明细科目	千	百	十	万	千	百	十	元	角	分	
合计													

附单据　　张

会计主管　　记账　　出纳　　复核　　制单

收款凭证

收字第______号

借方科目：　　　　年　　月　　日

摘要	贷方科目		金额										记账
	总账科目	明细科目	千	百	十	万	千	百	十	元	角	分	
合计													

附单据　　张

会计主管　　记账　　出纳　　复核　　制单

收 款 凭 证

收字第______号

借方科目：　　　　年　　月　　日

摘要	贷方科目		金额										记账
	总账科目	明细科目	千	百	十	万	千	百	十	元	角	分	
合计													

附单据　　张

会计主管　　记账　　出纳　　复核　　制单

收 款 凭 证

收字第______号

借方科目：　　　　年　　月　　日

摘要	贷方科目		金额										记账
	总账科目	明细科目	千	百	十	万	千	百	十	元	角	分	
合计													

附单据　　张

会计主管　　记账　　出纳　　复核　　制单

收 款 凭 证

收字第______号

借方科目：　　　　　　　　年　　月　　日

摘　要	贷方科目		金额										记账
	总账科目	明细科目	千	百	十	万	千	百	十	元	角	分	
合　计													

附单据　　张

会计主管　　　记账　　　出纳　　　复核　　　制单

收 款 凭 证

收字第______号

借方科目：　　　　　　　　年　　月　　日

摘　要	贷方科目		金额										记账
	总账科目	明细科目	千	百	十	万	千	百	十	元	角	分	
合　计													

附单据　　张

会计主管　　　记账　　　出纳　　　复核　　　制单

收款凭证

收字第______号

借方科目：　　　　　　　　年　　月　　日

摘要	贷方科目		金额										记账
	总账科目	明细科目	千	百	十	万	千	百	十	元	角	分	
合计													

附单据　　张

会计主管　　　记账　　　出纳　　　复核　　　制单

收款凭证

收字第______号

借方科目：　　　　　　　　年　　月　　日

摘要	贷方科目		金额										记账
	总账科目	明细科目	千	百	十	万	千	百	十	元	角	分	
合计													

附单据　　张

会计主管　　　记账　　　出纳　　　复核　　　制单

收 款 凭 证

收字第______号

借方科目：　　　　年　　月　　日

摘要	贷方科目		金额										记账
	总账科目	明细科目	千	百	十	万	千	百	十	元	角	分	
合计													

附单据　　张

会计主管　　记账　　出纳　　复核　　制单

收 款 凭 证

收字第______号

借方科目：　　　　年　　月　　日

摘要	贷方科目		金额										记账
	总账科目	明细科目	千	百	十	万	千	百	十	元	角	分	
合计													

附单据　　张

会计主管　　记账　　出纳　　复核　　制单

收款凭证

收字第______号

借方科目：　　　　年　　月　　日

摘要	贷方科目		金额										记账
	总账科目	明细科目	千	百	十	万	千	百	十	元	角	分	
合计													

附单据　　张

会计主管　　记账　　出纳　　复核　　制单

收款凭证

收字第______号

借方科目：　　　　年　　月　　日

摘要	贷方科目		金额										记账
	总账科目	明细科目	千	百	十	万	千	百	十	元	角	分	
合计													

附单据　　张

会计主管　　记账　　出纳　　复核　　制单

收　款　凭　证

收字第______号

借方科目：　　　　年　月　日

摘要	贷方科目		金额										记账
	总账科目	明细科目	千	百	十	万	千	百	十	元	角	分	
合　计													

附单据　张

会计主管　　记账　　出纳　　复核　　制单

收　款　凭　证

收字第______号

借方科目：　　　　年　月　日

摘要	贷方科目		金额										记账
	总账科目	明细科目	千	百	十	万	千	百	十	元	角	分	
合　计													

附单据　张

会计主管　　记账　　出纳　　复核　　制单

付款凭证

付字第______号

贷方科目：　　　　年　　月　　日

摘要	借方科目		金额										记账
	总账科目	明细科目	千	百	十	万	千	百	十	元	角	分	
合计													

附单据　　张

会计主管　　记账　　出纳　　复核　　制单

付款凭证

付字第______号

贷方科目：　　　　年　　月　　日

摘要	借方科目		金额										记账
	总账科目	明细科目	千	百	十	万	千	百	十	元	角	分	
合计													

附单据　　张

会计主管　　记账　　出纳　　复核　　制单

付 款 凭 证

付字第______号

贷方科目：　　　　　　年　　月　　日

摘要	借方科目		金额										记账
	总账科目	明细科目	千	百	十	万	千	百	十	元	角	分	
合计													

附单据　　张

会计主管　　　记账　　　出纳　　　复核　　　制单

付 款 凭 证

付字第______号

贷方科目：　　　　　　年　　月　　日

摘要	借方科目		金额										记账
	总账科目	明细科目	千	百	十	万	千	百	十	元	角	分	
合计													

附单据　　张

会计主管　　　记账　　　出纳　　　复核　　　制单

付　款　凭　证

付字第______号

贷方科目：　　　　　　　　年　　月　　日

摘　要	借方科目		金额										记账
	总账科目	明细科目	千	百	十	万	千	百	十	元	角	分	
合　计													

附单据　　张

会计主管　　　记账　　　出纳　　　复核　　　制单

付　款　凭　证

付字第______号

贷方科目：　　　　　　　　年　　月　　日

摘　要	借方科目		金额										记账
	总账科目	明细科目	千	百	十	万	千	百	十	元	角	分	
合　计													

附单据　　张

会计主管　　　记账　　　出纳　　　复核　　　制单

付 款 凭 证

付字第______号

贷方科目：　　　　年　　月　　日

摘要	借方科目		金额										记账
	总账科目	明细科目	千	百	十	万	千	百	十	元	角	分	
合计													

附单据　　张

会计主管　　　记账　　　出纳　　　复核　　　制单

付 款 凭 证

付字第______号

贷方科目：　　　　年　　月　　日

摘要	借方科目		金额										记账
	总账科目	明细科目	千	百	十	万	千	百	十	元	角	分	
合计													

附单据　　张

会计主管　　　记账　　　出纳　　　复核　　　制单

付 款 凭 证

付字第______号

贷方科目：　　　　年　　月　　日

摘要	借方科目		金额										记账
	总账科目	明细科目	千	百	十	万	千	百	十	元	角	分	
合计													

附单据　　张

会计主管　　记账　　出纳　　复核　　制单

付 款 凭 证

付字第______号

贷方科目：　　　　年　　月　　日

摘要	借方科目		金额										记账
	总账科目	明细科目	千	百	十	万	千	百	十	元	角	分	
合计													

附单据　　张

会计主管　　记账　　出纳　　复核　　制单

付款凭证

付字第______号

贷方科目：　　　　年　　月　　日

摘要	借方科目		金额										记账
	总账科目	明细科目	千	百	十	万	千	百	十	元	角	分	
合计													

附单据　　张

会计主管　　记账　　出纳　　复核　　制单

付款凭证

付字第______号

贷方科目：　　　　年　　月　　日

摘要	借方科目		金额										记账
	总账科目	明细科目	千	百	十	万	千	百	十	元	角	分	
合计													

附单据　　张

会计主管　　记账　　出纳　　复核　　制单

付 款 凭 证

付字第______号

贷方科目：　　　　年　月　日

摘　要	借方科目		金额										记账
	总账科目	明细科目	千	百	十	万	千	百	十	元	角	分	
合　计													

附单据　张

会计主管　　记账　　出纳　　复核　　制单

付 款 凭 证

付字第______号

贷方科目：　　　　年　月　日

摘　要	借方科目		金额										记账
	总账科目	明细科目	千	百	十	万	千	百	十	元	角	分	
合　计													

附单据　张

会计主管　　记账　　出纳　　复核　　制单

付款凭证

付字第______号

贷方科目：　　　　　年　　月　　日

摘要	借方科目		金额										记账
	总账科目	明细科目	千	百	十	万	千	百	十	元	角	分	
合计													

附单据　　张

会计主管　　记账　　出纳　　复核　　制单

付款凭证

付字第______号

贷方科目：　　　　　年　　月　　日

摘要	借方科目		金额										记账
	总账科目	明细科目	千	百	十	万	千	百	十	元	角	分	
合计													

附单据　　张

会计主管　　记账　　出纳　　复核　　制单

付 款 凭 证

付字第＿＿＿＿号

贷方科目：　　　　年　　月　　日

摘要	借方科目		金额										记账
	总账科目	明细科目	千	百	十	万	千	百	十	元	角	分	
合计													

附单据　　张

会计主管　　记账　　出纳　　复核　　制单

付 款 凭 证

付字第＿＿＿＿号

贷方科目：　　　　年　　月　　日

摘要	借方科目		金额										记账
	总账科目	明细科目	千	百	十	万	千	百	十	元	角	分	
合计													

附单据　　张

会计主管　　记账　　出纳　　复核　　制单

付 款 凭 证

付字第______号

贷方科目：　　　　年　　月　　日

摘要	借方科目		金额										记账
	总账科目	明细科目	千	百	十	万	千	百	十	元	角	分	
合计													

附单据　张

会计主管　　记账　　出纳　　复核　　制单

付 款 凭 证

付字第______号

贷方科目：　　　　年　　月　　日

摘要	借方科目		金额										记账
	总账科目	明细科目	千	百	十	万	千	百	十	元	角	分	
合计													

附单据　张

会计主管　　记账　　出纳　　复核　　制单

付　款　凭　证

付字第______号

贷方科目：　　　　年　　月　　日

摘　要	借　方　科　目		金　额										记账
	总账科目	明细科目	千	百	十	万	千	百	十	元	角	分	
合　计													

附单据　　张

会计主管　　　记账　　　出纳　　　复核　　　制单

付　款　凭　证

付字第______号

贷方科目：　　　　年　　月　　日

摘　要	借　方　科　目		金　额										记账
	总账科目	明细科目	千	百	十	万	千	百	十	元	角	分	
合　计													

附单据　　张

会计主管　　　记账　　　出纳　　　复核　　　制单

付 款 凭 证

付字第______号

贷方科目：　　　　年　　月　　日

摘　要	借方科目		金额										记账
	总账科目	明细科目	千	百	十	万	千	百	十	元	角	分	
合　计													

附单据　　张

会计主管　　记账　　出纳　　复核　　制单

付 款 凭 证

付字第______号

贷方科目：　　　　年　　月　　日

摘　要	借方科目		金额										记账
	总账科目	明细科目	千	百	十	万	千	百	十	元	角	分	
合　计													

附单据　　张

会计主管　　记账　　出纳　　复核　　制单

付　款　凭　证

付字第______号

贷方科目：　　　　年　　月　　日

摘　要	借方科目		金　额										记账
	总账科目	明细科目	千	百	十	万	千	百	十	元	角	分	
合　计													

附单据　张

会计主管　　记账　　出纳　　复核　　制单

付　款　凭　证

付字第______号

贷方科目：　　　　年　　月　　日

摘　要	借方科目		金　额										记账
	总账科目	明细科目	千	百	十	万	千	百	十	元	角	分	
合　计													

附单据　张

会计主管　　记账　　出纳　　复核　　制单

付款凭证

付字第______号

贷方科目：　　　　　　　　年　　月　　日

摘要	借方科目		金额										记账
	总账科目	明细科目	千	百	十	万	千	百	十	元	角	分	
合计													

附单据　　张

会计主管　　　记账　　　出纳　　　复核　　　制单

付款凭证

付字第______号

贷方科目：　　　　　　　　年　　月　　日

摘要	借方科目		金额										记账
	总账科目	明细科目	千	百	十	万	千	百	十	元	角	分	
合计													

附单据　　张

会计主管　　　记账　　　出纳　　　复核　　　制单

付款凭证

付字第______号

贷方科目：　　　　年　月　日

摘要	借方科目		金额										记账
	总账科目	明细科目	千	百	十	万	千	百	十	元	角	分	
合计													

附单据　　张

会计主管　　记账　　出纳　　复核　　制单

付款凭证

付字第______号

贷方科目：　　　　年　月　日

摘要	借方科目		金额										记账
	总账科目	明细科目	千	百	十	万	千	百	十	元	角	分	
合计													

附单据　　张

会计主管　　记账　　出纳　　复核　　制单

转 账 凭 证

转字第______号

年 月 日

摘要	总账科目	明细科目	借方金额										贷方金额										记账
			千	百	十	万	千	百	十	元	角	分	千	百	十	万	千	百	十	元	角	分	
合计																							

附单据 张

会计主管 记账 出纳 复核 制单

转 账 凭 证

转字第______号

年 月 日

摘要	总账科目	明细科目	借方金额										贷方金额										记账
			千	百	十	万	千	百	十	元	角	分	千	百	十	万	千	百	十	元	角	分	
合计																							

附单据 张

会计主管 记账 出纳 复核 制单

转　账　凭　证

转字第______号

年　　月　　日

摘　　要	总账科目	明细科目	借　方　金　额										贷　方　金　额										记账
			千	百	十	万	千	百	十	元	角	分	千	百	十	万	千	百	十	元	角	分	
合　　计																							

附单据　　张

会计主管　　　　记账　　　　出纳　　　　复核　　　　制单

转　账　凭　证

转字第______号

年　　月　　日

摘　　要	总账科目	明细科目	借　方　金　额										贷　方　金　额										记账
			千	百	十	万	千	百	十	元	角	分	千	百	十	万	千	百	十	元	角	分	
合　　计																							

附单据　　张

会计主管　　　　记账　　　　出纳　　　　复核　　　　制单

转　账　凭　证

转字第______号

年　　月　　日

摘　要	总账科目	明细科目	借方金额										贷方金额										记账
			千	百	十	万	千	百	十	元	角	分	千	百	十	万	千	百	十	元	角	分	
合　计																							

附单据　　张

会计主管　　记账　　出纳　　复核　　制单

转　账　凭　证

转字第______号

年　　月　　日

摘　要	总账科目	明细科目	借方金额										贷方金额										记账
			千	百	十	万	千	百	十	元	角	分	千	百	十	万	千	百	十	元	角	分	
合　计																							

附单据　　张

会计主管　　记账　　出纳　　复核　　制单

转 账 凭 证

转字第______号

年 月 日

摘 要	总账科目	明细科目	借方金额										贷方金额										记账
			千	百	十	万	千	百	十	元	角	分	千	百	十	万	千	百	十	元	角	分	
合 计																							

附单据 张

会计主管 记账 出纳 复核 制单

转 账 凭 证

转字第______号

年 月 日

摘 要	总账科目	明细科目	借方金额										贷方金额										记账
			千	百	十	万	千	百	十	元	角	分	千	百	十	万	千	百	十	元	角	分	
合 计																							

附单据 张

会计主管 记账 出纳 复核 制单

转 账 凭 证

转字第______号

年 月 日

摘要	总账科目	明细科目	借方金额										贷方金额										记账
			千	百	十	万	千	百	十	元	角	分	千	百	十	万	千	百	十	元	角	分	
合计																							

附单据 张

会计主管 记账 出纳 复核 制单

转 账 凭 证

转字第______号

年 月 日

摘要	总账科目	明细科目	借方金额										贷方金额										记账
			千	百	十	万	千	百	十	元	角	分	千	百	十	万	千	百	十	元	角	分	
合计																							

附单据 张

会计主管 记账 出纳 复核 制单

转　账　凭　证

转字第______号

年　　月　　日

摘　要	总账科目	明细科目	借方金额										贷方金额										记账
			千	百	十	万	千	百	十	元	角	分	千	百	十	万	千	百	十	元	角	分	
合　计																							

附单据　　张

会计主管　　记账　　出纳　　复核　　制单

转　账　凭　证

转字第______号

年　　月　　日

摘　要	总账科目	明细科目	借方金额										贷方金额										记账
			千	百	十	万	千	百	十	元	角	分	千	百	十	万	千	百	十	元	角	分	
合　计																							

附单据　　张

会计主管　　记账　　出纳　　复核　　制单

转 账 凭 证

转字第______号

年　　月　　日

摘要	总账科目	明细科目	借方金额										贷方金额										记账
			千	百	十	万	千	百	十	元	角	分	千	百	十	万	千	百	十	元	角	分	
合计																							

附单据　　张

会计主管　　记账　　出纳　　复核　　制单

转 账 凭 证

转字第______号

年　　月　　日

摘要	总账科目	明细科目	借方金额										贷方金额										记账
			千	百	十	万	千	百	十	元	角	分	千	百	十	万	千	百	十	元	角	分	
合计																							

附单据　　张

会计主管　　记账　　出纳　　复核　　制单

转 账 凭 证

转字第______号

年　　月　　日

摘　　要	总账科目	明细科目	借方金额										贷方金额										记账
			千	百	十	万	千	百	十	元	角	分	千	百	十	万	千	百	十	元	角	分	
合　　计																							

附单据　　张

会计主管　　记账　　出纳　　复核　　制单

转 账 凭 证

转字第______号

年　　月　　日

摘　　要	总账科目	明细科目	借方金额										贷方金额										记账
			千	百	十	万	千	百	十	元	角	分	千	百	十	万	千	百	十	元	角	分	
合　　计																							

附单据　　张

会计主管　　记账　　出纳　　复核　　制单

转账凭证

转字第______号

年　月　日

摘要	总账科目	明细科目	借方金额										贷方金额										记账
			千	百	十	万	千	百	十	元	角	分	千	百	十	万	千	百	十	元	角	分	
合计																							

附单据　张

会计主管　　记账　　出纳　　复核　　制单

转账凭证

转字第______号

年　月　日

摘要	总账科目	明细科目	借方金额										贷方金额										记账
			千	百	十	万	千	百	十	元	角	分	千	百	十	万	千	百	十	元	角	分	
合计																							

附单据　张

会计主管　　记账　　出纳　　复核　　制单

转 账 凭 证

转字第______号

年　　月　　日

摘要	总账科目	明细科目	借方金额										贷方金额										记账
			千	百	十	万	千	百	十	元	角	分	千	百	十	万	千	百	十	元	角	分	
合计																							

附单据　　张

会计主管　　记账　　出纳　　复核　　制单

转 账 凭 证

转字第______号

年　　月　　日

摘要	总账科目	明细科目	借方金额										贷方金额										记账
			千	百	十	万	千	百	十	元	角	分	千	百	十	万	千	百	十	元	角	分	
合计																							

附单据　　张

会计主管　　记账　　出纳　　复核　　制单

转 账 凭 证

转字第______号

年 月 日

摘要	总账科目	明细科目	借方金额										贷方金额										记账
			千	百	十	万	千	百	十	元	角	分	千	百	十	万	千	百	十	元	角	分	
合计																							

附单据 张

会计主管 记账 出纳 复核 制单

转 账 凭 证

转字第______号

年 月 日

摘要	总账科目	明细科目	借方金额										贷方金额										记账
			千	百	十	万	千	百	十	元	角	分	千	百	十	万	千	百	十	元	角	分	
合计																							

附单据 张

会计主管 记账 出纳 复核 制单

转 账 凭 证

转字第______号

年 月 日

摘 要	总账科目	明细科目	借方金额										贷方金额										记账
			千	百	十	万	千	百	十	元	角	分	千	百	十	万	千	百	十	元	角	分	
合 计																							

附单据 张

会计主管 记账 出纳 复核 制单

转 账 凭 证

转字第______号

年 月 日

摘 要	总账科目	明细科目	借方金额										贷方金额										记账
			千	百	十	万	千	百	十	元	角	分	千	百	十	万	千	百	十	元	角	分	
合 计																							

附单据 张

会计主管 记账 出纳 复核 制单

转　账　凭　证

转字第______号

年　　月　　日

摘　要	总账科目	明细科目	借方金额										贷方金额										记账
			千	百	十	万	千	百	十	元	角	分	千	百	十	万	千	百	十	元	角	分	
合　计																							

附单据　　张

会计主管　　记账　　出纳　　复核　　制单

转　账　凭　证

转字第______号

年　　月　　日

摘　要	总账科目	明细科目	借方金额										贷方金额										记账
			千	百	十	万	千	百	十	元	角	分	千	百	十	万	千	百	十	元	角	分	
合　计																							

附单据　　张

会计主管　　记账　　出纳　　复核　　制单

转账凭证

转字第______号

年 月 日

摘要	总账科目	明细科目	借方金额										贷方金额										记账
			千	百	十	万	千	百	十	元	角	分	千	百	十	万	千	百	十	元	角	分	
合计																							

附单据 张

会计主管 记账 出纳 复核 制单

转账凭证

转字第______号

年 月 日

摘要	总账科目	明细科目	借方金额										贷方金额										记账
			千	百	十	万	千	百	十	元	角	分	千	百	十	万	千	百	十	元	角	分	
合计																							

附单据 张

会计主管 记账 出纳 复核 制单

转账凭证

转字第______号

年　月　日

摘要	总账科目	明细科目	借方金额										贷方金额										记账
			千	百	十	万	千	百	十	元	角	分	千	百	十	万	千	百	十	元	角	分	
合计																							

附单据　张

会计主管　记账　出纳　复核　制单

转账凭证

转字第______号

年　月　日

摘要	总账科目	明细科目	借方金额										贷方金额										记账
			千	百	十	万	千	百	十	元	角	分	千	百	十	万	千	百	十	元	角	分	
合计																							

附单据　张

会计主管　记账　出纳　复核　制单

转 账 凭 证

转字第______号

年 月 日

摘要	总账科目	明细科目	借方金额										贷方金额										记账
			千	百	十	万	千	百	十	元	角	分	千	百	十	万	千	百	十	元	角	分	
合计																							

附单据　张

会计主管　　记账　　出纳　　复核　　制单

转 账 凭 证

转字第______号

年 月 日

摘要	总账科目	明细科目	借方金额										贷方金额										记账
			千	百	十	万	千	百	十	元	角	分	千	百	十	万	千	百	十	元	角	分	
合计																							

附单据　张

会计主管　　记账　　出纳　　复核　　制单

转账凭证

转字第______号

年 月 日

摘要	总账科目	明细科目	借方金额										贷方金额										记账
			千	百	十	万	千	百	十	元	角	分	千	百	十	万	千	百	十	元	角	分	
合计																							

附单据 张

会计主管 记账 出纳 复核 制单

转账凭证

转字第______号

年 月 日

摘要	总账科目	明细科目	借方金额										贷方金额										记账
			千	百	十	万	千	百	十	元	角	分	千	百	十	万	千	百	十	元	角	分	
合计																							

附单据 张

会计主管 记账 出纳 复核 制单

转 账 凭 证

转字第______号

年　月　日

摘要	总账科目	明细科目	借方金额										贷方金额										记账
			千	百	十	万	千	百	十	元	角	分	千	百	十	万	千	百	十	元	角	分	
合计																							

附单据　张

会计主管　　记账　　出纳　　复核　　制单

转 账 凭 证

转字第______号

年　月　日

摘要	总账科目	明细科目	借方金额										贷方金额										记账
			千	百	十	万	千	百	十	元	角	分	千	百	十	万	千	百	十	元	角	分	
合计																							

附单据　张

会计主管　　记账　　出纳　　复核　　制单

资产负债表

会企 01 表

编制单位：　　　　年　　月　　日　　　　单位：元

资　　产	期末余额	上年年末余额	负债和所有者权益（或股东权益）	期末余额	上年年末余额
流动资产：			流动负债：		
货币资金			短期借款		
交易性金融资产			交易性金融负债		
衍生金融资产			衍生金融负债		
应收票据			应付票据		
应收账款			应付账款		
应收款项融资			预收款项		
预付款项			合同负债		
其他应收款			应付职工薪酬		
存货			应交税费		
合同资产			其他应付款		
持有待售资产			持有待售负债		
一年内到期的非流动资产			一年内到期的非流动负债		
其他流动资产			其他流动负债		
流动资产合计			流动负债合计		
非流动资产：			非流动负债：		
债权投资			长期借款		
其他债权投资			应付债券		
长期应收款			其中：优先股		
长期股权投资			永续债		
其他权益工具投资			租赁负债		
其他非流动金融资产			长期应付款		
投资性房地产			预计负债		
固定资产			递延收益		
在建工程			递延所得税负债		
生产性生物资产			其他非流动负债		
油气资产			非流动负债合计		
使用权资产			负债合计		
无形资产			所有者权益（或股东权益）		
开发支出			实收资本（或股本）		
商誉			其他权益工具		
长期待摊费用			其中：优先股		
递延所得税资产			永续债		
其他非流动资产			资本公积		
非流动资产合计			减:库存股		
			其他综合收益		
			专项储备		
			盈余公积		
			未分配利润		
			所有者权益（或股东权益）合计		
资产总计			负债和所有者权益（或股东权益）总计		

总分类账目录

编号	会 计 科 目	起讫页码	编号	会 计 科 目	起讫页码	编号	会 计 科 目	起讫页码
1001	库存现金		2201	应付票据		5101	制造费用	
1002	银行存款		2203	应付账款		6001	主营业务收入	
1121	应收票据		2211	预收账款		6002	其他业务收入	
1122	应收账款		2221	应付职工薪酬		6301	营业外收入	
1123	预付账款		2231	应交税费		6401	主营业务成本	
1221	其他应收款		2232	应付利息		6402	其他业务成本	
1223	坏账准备		2241	应付股利		6403	税金及附加	
1402	在途物资		2501	其他应付款		6601	销售费用	
1403	原材料		4001	实收资本		6602	管理费用	
1405	库存商品		4002	资本公积		6603	财务费用	
1601	固定资产		4101	盈余公积		6605	信用减值损失	
1602	累计折旧		4103	本年利润		6711	营业外支出	
1604	在建工程		4104	利润分配		6801	所得税费用	
2001	短期借款		5001	生产成本				

账簿启用及交接表

单位名称		公　章
账簿名称	总分类账　（第　册）	
账簿编号		
账簿页数	本账簿共计　页（本账簿页数 检点人盖章　）	
启用日期	公元　年　月　日	

经管人员	单位主管		财务主管		复　核		记　账	
	姓　名	盖　章	姓　名	盖　章	姓　名	盖　章	姓　名	盖　章

交接记录	经管人员		接　管				交　出			
	职　别	姓　名	年	月	日	盖　章	年	月	日	盖　章
备注										

总量____________　　会计　　记账

分页____________

总分类账

编号____________

科目____________

年		凭证		摘要	日页	借方(收入)												贷方(付出)												借或贷	余额											
月	日	种类	号数			亿	千	百	十	万	千	百	十	元	角	分		亿	千	百	十	万	千	百	十	元	角	分			亿	千	百	十	万	千	百	十	元	角	分	

总量____________　　会计　　记账

分页____________

总分类账

编号____________

科目____________

年		凭证		摘要	日页	借方(收入)												贷方(付出)												借或贷	余额											
月	日	种类	号数			亿	千	百	十	万	千	百	十	元	角	分		亿	千	百	十	万	千	百	十	元	角	分			亿	千	百	十	万	千	百	十	元	角	分	

总　量
分　页

会计		记账	

总分类账

编　号
科　目

年		凭证		摘要	日页	借方(收入)												贷方(付出)												借或贷	余额											
月	日	种类	号数			亿	千	百	十	万	千	百	十	元	角	分		亿	千	百	十	万	千	百	十	元	角	分			亿	千	百	十	万	千	百	十	元	角	分	

总　量
分　页

会计		记账	

总分类账

编　号
科　目

年		凭证		摘要	日页	借方(收入)												贷方(付出)												借或贷	余额											
月	日	种类	号数			亿	千	百	十	万	千	百	十	元	角	分		亿	千	百	十	万	千	百	十	元	角	分			亿	千	百	十	万	千	百	十	元	角	分	

总　量
分　页

会计		记账	

总分类账

编　号
科　目

年		凭证		摘　要	日页	借　方(收入)												贷　方(付出)												借或贷	余　额											
月	日	种类	号数			亿	千	百	十	万	千	百	十	元	角	分		亿	千	百	十	万	千	百	十	元	角	分			亿	千	百	十	万	千	百	十	元	角	分	

总　量
分　页

会计		记账	

总分类账

编　号
科　目

年		凭证		摘　要	日页	借　方(收入)												贷　方(付出)												借或贷	余　额											
月	日	种类	号数			亿	千	百	十	万	千	百	十	元	角	分		亿	千	百	十	万	千	百	十	元	角	分			亿	千	百	十	万	千	百	十	元	角	分	

总　量
分　页

会计　　记账

总分类账

编　号
科　目

年		凭证		摘要	日页	借方(收入)											贷方(付出)											借或贷	余额										
月	日	种类	号数			亿	千	百	十	万	千	百	十	元	角	分		亿	千	百	十	万	千	百	十	元	角	分			亿	千	百	十	万	千	百	十	元	角	分	

总　量
分　页

会计　　记账

总分类账

编　号
科　目

年		凭证		摘要	日页	借方(收入)											贷方(付出)											借或贷	余额										
月	日	种类	号数			亿	千	百	十	万	千	百	十	元	角	分		亿	千	百	十	万	千	百	十	元	角	分			亿	千	百	十	万	千	百	十	元	角	分	

总　量┄┄┄┄
分　页┄┄┄┄

会计		记账	

总分类账

编　号┄┄┄┄
科　目┄┄┄┄

年		凭证		摘　要	日页	借　方(收入)												贷　方(付出)												借或贷	余　额											
月	日	种类	号数			亿	千	百	十	万	千	百	十	元	角	分		亿	千	百	十	万	千	百	十	元	角	分			亿	千	百	十	万	千	百	十	元	角	分	

总　量┄┄┄┄
分　页┄┄┄┄

会计		记账	

总分类账

编　号┄┄┄┄
科　目┄┄┄┄

年		凭证		摘　要	日页	借　方(收入)												贷　方(付出)												借或贷	余　额											
月	日	种类	号数			亿	千	百	十	万	千	百	十	元	角	分		亿	千	百	十	万	千	百	十	元	角	分			亿	千	百	十	万	千	百	十	元	角	分	

总　量…………

分　页…………

会计		记账	

总分类账

编　号…………

科　目…………

年		凭证		摘要	日页	借方(收入)												贷方(付出)												借或贷	余额											
月	日	种类	号数			亿	千	百	十	万	千	百	十	元	角	分		亿	千	百	十	万	千	百	十	元	角	分			亿	千	百	十	万	千	百	十	元	角	分	

总　量…………

分　页…………

会计		记账	

总分类账

编　号…………

科　目…………

年		凭证		摘要	日页	借方(收入)												贷方(付出)												借或贷	余额											
月	日	种类	号数			亿	千	百	十	万	千	百	十	元	角	分		亿	千	百	十	万	千	百	十	元	角	分			亿	千	百	十	万	千	百	十	元	角	分	

总　量 ________　　会计 |　| 记账 |　

分　页 ________

总分类账

编　号 ________

科　目 ________

年		凭证		摘要	日页	借方（收入）												贷方（付出）												借或贷	余额											
月	日	种类	号数			亿	千	百	十	万	千	百	十	元	角	分		亿	千	百	十	万	千	百	十	元	角	分			亿	千	百	十	万	千	百	十	元	角	分	

总　量 ________　　会计 |　| 记账 |　

分　页 ________

总分类账

编　号 ________

科　目 ________

年		凭证		摘要	日页	借方（收入）												贷方（付出）												借或贷	余额											
月	日	种类	号数			亿	千	百	十	万	千	百	十	元	角	分		亿	千	百	十	万	千	百	十	元	角	分			亿	千	百	十	万	千	百	十	元	角	分	

总　量
分　页

会计		记账	

总分类账

编　号
科　目

年		凭证		摘　要	日页	借　方(收入)												贷　方(付出)												借或贷	余　额											
月	日	种类	号数			亿	千	百	十	万	千	百	十	元	角	分		亿	千	百	十	万	千	百	十	元	角	分			亿	千	百	十	万	千	百	十	元	角	分	

总　量
分　页

会计		记账	

总分类账

编　号
科　目

年		凭证		摘　要	日页	借　方(收入)												贷　方(付出)												借或贷	余　额											
月	日	种类	号数			亿	千	百	十	万	千	百	十	元	角	分		亿	千	百	十	万	千	百	十	元	角	分			亿	千	百	十	万	千	百	十	元	角	分	

总　量

分　页

会计		记账	

总分类账

编　号

科　目

年		凭证		摘要	日页	借方(收入)												贷方(付出)												借或贷	余额											
月	日	种类	号数			亿	千	百	十	万	千	百	十	元	角	分		亿	千	百	十	万	千	百	十	元	角	分			亿	千	百	十	万	千	百	十	元	角	分	

总　量

分　页

会计		记账	

总分类账

编　号

科　目

年		凭证		摘要	日页	借方(收入)												贷方(付出)												借或贷	余额											
月	日	种类	号数			亿	千	百	十	万	千	百	十	元	角	分		亿	千	百	十	万	千	百	十	元	角	分			亿	千	百	十	万	千	百	十	元	角	分	

总　量
分　页

会计　　记账

总分类账

编　号
科　目

年		凭证		摘要	日页	借方（收入）												贷方（付出）												借或贷	余额											
月	日	种类	号数			亿	千	百	十	万	千	百	十	元	角	分		亿	千	百	十	万	千	百	十	元	角	分			亿	千	百	十	万	千	百	十	元	角	分	

总　量
分　页

会计　　记账

总分类账

编　号
科　目

年		凭证		摘要	日页	借方（收入）												贷方（付出）												借或贷	余额											
月	日	种类	号数			亿	千	百	十	万	千	百	十	元	角	分		亿	千	百	十	万	千	百	十	元	角	分			亿	千	百	十	万	千	百	十	元	角	分	

总　量..........
分　页..........

会计		记账	

总分类账

编　号..........
科　目..........

年		凭证		摘要	日页	借方(收入)												贷方(付出)												借或贷	余额											
月	日	种类	号数			亿	千	百	十	万	千	百	十	元	角	分		亿	千	百	十	万	千	百	十	元	角	分			亿	千	百	十	万	千	百	十	元	角	分	

总　量..........
分　页..........

会计		记账	

总分类账

编　号..........
科　目..........

年		凭证		摘要	日页	借方(收入)												贷方(付出)												借或贷	余额											
月	日	种类	号数			亿	千	百	十	万	千	百	十	元	角	分		亿	千	百	十	万	千	百	十	元	角	分			亿	千	百	十	万	千	百	十	元	角	分	

总　量
分　页

会计		记账	

总分类账

编　号
科　目

年		凭证		摘要	日页	借方(收入)												贷方(付出)												借或贷	余额											
月	日	种类	号数			亿	千	百	十	万	千	百	十	元	角	分		亿	千	百	十	万	千	百	十	元	角	分			亿	千	百	十	万	千	百	十	元	角	分	

总　量
分　页

会计		记账	

总分类账

编　号
科　目

年		凭证		摘要	日页	借方(收入)												贷方(付出)												借或贷	余额											
月	日	种类	号数			亿	千	百	十	万	千	百	十	元	角	分		亿	千	百	十	万	千	百	十	元	角	分			亿	千	百	十	万	千	百	十	元	角	分	

总量……………

分页……………

会计		记账	

总分类账

编号……………

科目……………

年		凭证		摘要	日页	借方（收入）												贷方（付出）												借或贷	余额											
月	日	种类	号数			亿	千	百	十	万	千	百	十	元	角	分		亿	千	百	十	万	千	百	十	元	角	分			亿	千	百	十	万	千	百	十	元	角	分	

总量……………

分页……………

会计		记账	

总分类账

编号……………

科目……………

年		凭证		摘要	日页	借方（收入）												贷方（付出）												借或贷	余额											
月	日	种类	号数			亿	千	百	十	万	千	百	十	元	角	分		亿	千	百	十	万	千	百	十	元	角	分			亿	千	百	十	万	千	百	十	元	角	分	

总　量
分　页

会计		记账	

总分类账

编　号
科　目

年		凭证		摘　要	日页	借　方(收入)												贷　方(付出)												借或贷	余　额											
月	日	种类	号数			亿	千	百	十	万	千	百	十	元	角	分		亿	千	百	十	万	千	百	十	元	角	分			亿	千	百	十	万	千	百	十	元	角	分	

总　量
分　页

会计		记账	

总分类账

编　号
科　目

年		凭证		摘　要	日页	借　方(收入)												贷　方(付出)												借或贷	余　额											
月	日	种类	号数			亿	千	百	十	万	千	百	十	元	角	分		亿	千	百	十	万	千	百	十	元	角	分			亿	千	百	十	万	千	百	十	元	角	分	

总量 ______ 会计 ______ 记账 ______

分页 ______

总分类账

编号 ______

科目 ______

年		凭证		摘要	日页	借方（收入）												贷方（付出）												借或贷	余额											
月	日	种类	号数			亿	千	百	十	万	千	百	十	元	角	分		亿	千	百	十	万	千	百	十	元	角	分			亿	千	百	十	万	千	百	十	元	角	分	

总量 ______ 会计 ______ 记账 ______

分页 ______

总分类账

编号 ______

科目 ______

年		凭证		摘要	日页	借方（收入）												贷方（付出）												借或贷	余额											
月	日	种类	号数			亿	千	百	十	万	千	百	十	元	角	分		亿	千	百	十	万	千	百	十	元	角	分			亿	千	百	十	万	千	百	十	元	角	分	

总　量________　　会计 ______ 记账 ______

分　页________

总分类账

编　号________

科　目________

年		凭证		摘　要	日页	借　方(收入)												贷　方(付出)												借或贷	余　额											
月	日	种类	号数			亿	千	百	十	万	千	百	十	元	角	分		亿	千	百	十	万	千	百	十	元	角	分			亿	千	百	十	万	千	百	十	元	角	分	

总　量________　　会计 ______ 记账 ______

分　页________

总分类账

编　号________

科　目________

年		凭证		摘　要	日页	借　方(收入)												贷　方(付出)												借或贷	余　额											
月	日	种类	号数			亿	千	百	十	万	千	百	十	元	角	分		亿	千	百	十	万	千	百	十	元	角	分			亿	千	百	十	万	千	百	十	元	角	分	

总　量 ....
分　页 ....

会计		记账	

总分类账

编　号 ....
科　目 ....

年		凭证		摘要	日页	借方（收入）												贷方（付出）												借或贷	余额											
月	日	种类	号数			亿	千	百	十	万	千	百	十	元	角	分		亿	千	百	十	万	千	百	十	元	角	分			亿	千	百	十	万	千	百	十	元	角	分	

总　量 ....
分　页 ....

会计		记账	

总分类账

编　号 ....
科　目 ....

年		凭证		摘要	日页	借方（收入）												贷方（付出）												借或贷	余额											
月	日	种类	号数			亿	千	百	十	万	千	百	十	元	角	分		亿	千	百	十	万	千	百	十	元	角	分			亿	千	百	十	万	千	百	十	元	角	分	

总 量
分 页

会计		记账	

总分类账

编 号
科 目

年		凭证		摘 要	日页	借 方(收入)												贷 方(付出)												借或贷	余 额											
月	日	种类	号数			亿	千	百	十	万	千	百	十	元	角	分		亿	千	百	十	万	千	百	十	元	角	分			亿	千	百	十	万	千	百	十	元	角	分	

总 量
分 页

会计		记账	

总分类账

编 号
科 目

年		凭证		摘 要	日页	借 方(收入)												贷 方(付出)												借或贷	余 额											
月	日	种类	号数			亿	千	百	十	万	千	百	十	元	角	分		亿	千	百	十	万	千	百	十	元	角	分			亿	千	百	十	万	千	百	十	元	角	分	

库存现金日记账

年		凭证		摘要	对方科目	日页	借方金额										✓	贷方金额										✓	借或贷	余额										✓
月	日	种类	号数				千	百	十	万	千	百	十	元	角	分		千	百	十	万	千	百	十	元	角	分			千	百	十	万	千	百	十	元	角	分	

库存现金日记账

年		凭证		摘要	对方科目	日页	借方金额										✓	贷方金额										✓	借或贷	余额										✓
月	日	种类	号数				千	百	十	万	千	百	十	元	角	分		千	百	十	万	千	百	十	元	角	分			千	百	十	万	千	百	十	元	角	分	

银行存款日记账

年		凭证		摘要	对方科目	日页	借方金额										√	贷方金额										√	借或贷	余额										√
月	日	种类	号数				千	百	十	万	千	百	十	元	角	分		千	百	十	万	千	百	十	元	角	分			千	百	十	万	千	百	十	元	角	分	

银行存款日记账

年		凭证		摘要	对方科目	日页	借方金额										✓	贷方金额										✓	借或贷	余额										✓
月	日	种类	号数				千	百	十	万	千	百	十	元	角	分		千	百	十	万	千	百	十	元	角	分			千	百	十	万	千	百	十	元	角	分	

银行存款日记账

年		凭证		摘要	对方科目	日页	借方金额										✓	贷方金额										✓	借或贷	余额										✓
月	日	种类	号数				千	百	十	万	千	百	十	元	角	分		千	百	十	万	千	百	十	元	角	分			千	百	十	万	千	百	十	元	角	分	

银行存款日记账

年		凭证		摘要	对方科目	日页	借方金额										✓	贷方金额										✓	借或贷	余额										✓
月	日	种类	号数				千	百	十	万	千	百	十	元	角	分		千	百	十	万	千	百	十	元	角	分			千	百	十	万	千	百	十	元	角	分	

明细分类账目录

编号	会计科目	起讫页码	编号	会计科目	起讫页码	编号	会计科目	起讫页码
1001	库存现金		2203	应付账款		5101	制造费用	
1002	银行存款		2211	预收账款		6001	主营业务收入	
1121	应收票据		2221	应付职工薪酬		6002	其他业务收入	
1122	应收账款		2231	应交税费		6301	营业外收入	
1123	预付账款		2232	应付利息		6401	主营业务成本	
1221	其他应收款		2241	应付股利		6402	其他业务成本	
1223	坏账准备		2501	其他应付款		6403	税金及附加	
1402	在途物资		4001	实收资本		6601	销售费用	
1403	原材料		4002	资本公积		6602	管理费用	
1405	库存商品		4101	盈余公积		6603	财务费用	
1601	固定资产		4103	本年利润		6605	信用减值损失	
1604	在建工程		4104	利润分配		6711	营业外支出	
2001	短期借款		5001	生产成本		6801	所得税费用	
2201	应付票据							

账簿启用及交接表

单位名称		公　章
账簿名称	明细分类账　（第　册）	
账簿编号		
账簿页数	本账簿共计　页（本账簿页数 检点人盖章　）	
启用日期	公元　年　月　日	

经管人员	单位主管		财务主管		复　核		记　账	
	姓　名	盖　章	姓　名	盖　章	姓　名	盖　章	姓　名	盖　章

交接记录	经管人员		接　管				交　出			
	职　别	姓　名	年	月	日	盖　章	年	月	日	盖　章
备注										

明细分类账

总第　　页　　分第　　页

　　级科目编号及名称

　　级科目编号及名称

年		凭证		摘要	对方科目	日页	借方金额										✓	贷方金额										✓	借或贷	余额										✓
月	日	种类	号数				千	百	十	万	千	百	十	元	角	分		千	百	十	万	千	百	十	元	角	分			千	百	十	万	千	百	十	元	角	分	

明细分类账

总第　　页　　分第　　页

　　级科目编号及名称

　　级科目编号及名称

年		凭证		摘要	对方科目	日页	借方金额										✓	贷方金额										✓	借或贷	余额										✓
月	日	种类	号数				千	百	十	万	千	百	十	元	角	分		千	百	十	万	千	百	十	元	角	分			千	百	十	万	千	百	十	元	角	分	

明细分类账

总第____页　　分第____页

______级科目编号及名称______________

______级科目编号及名称______________

年		凭证		摘要	对方科目	日页	借方金额										✓	贷方金额										✓	借或贷	余额										✓
月	日	种类	号数				千	百	十	万	千	百	十	元	角	分		千	百	十	万	千	百	十	元	角	分			千	百	十	万	千	百	十	元	角	分	

明细分类账

总第____页　　分第____页

______级科目编号及名称______________

______级科目编号及名称______________

年		凭证		摘要	对方科目	日页	借方金额										✓	贷方金额										✓	借或贷	余额										✓
月	日	种类	号数				千	百	十	万	千	百	十	元	角	分		千	百	十	万	千	百	十	元	角	分			千	百	十	万	千	百	十	元	角	分	

明细分类账

总第____页　　分第____页

____级科目编号及名称____

____级科目编号及名称____

年		凭证		摘要	对方科目	日页	借方金额										✓	贷方金额										✓	借或贷	余额										✓
月	日	种类	号数				千	百	十	万	千	百	十	元	角	分		千	百	十	万	千	百	十	元	角	分			千	百	十	万	千	百	十	元	角	分	

明细分类账

总第____页　　分第____页

____级科目编号及名称____

____级科目编号及名称____

年		凭证		摘要	对方科目	日页	借方金额										✓	贷方金额										✓	借或贷	余额										✓
月	日	种类	号数				千	百	十	万	千	百	十	元	角	分		千	百	十	万	千	百	十	元	角	分			千	百	十	万	千	百	十	元	角	分	

明细分类账

总第____页　　分第____页

____级科目编号及名称________________

____级科目编号及名称________________

年		凭证		摘要	对方科目	日页	借方金额										√	贷方金额										√	借或贷	余额										√
月	日	种类	号数				千	百	十	万	千	百	十	元	角	分		千	百	十	万	千	百	十	元	角	分			千	百	十	万	千	百	十	元	角	分	

明细分类账

总第____页　　分第____页

____级科目编号及名称________________

____级科目编号及名称________________

年		凭证		摘要	对方科目	日页	借方金额										√	贷方金额										√	借或贷	余额										√
月	日	种类	号数				千	百	十	万	千	百	十	元	角	分		千	百	十	万	千	百	十	元	角	分			千	百	十	万	千	百	十	元	角	分	

明细分类账

总第＿＿页　分第＿＿页

＿＿级科目编号及名称＿＿＿＿

＿＿级科目编号及名称＿＿＿＿

年		凭证		摘要	对方科目	日页	借方金额										✓	贷方金额										✓	借或贷	余额										✓
月	日	种类	号数				千	百	十	万	千	百	十	元	角	分		千	百	十	万	千	百	十	元	角	分			千	百	十	万	千	百	十	元	角	分	

明细分类账

总第＿＿页　分第＿＿页

＿＿级科目编号及名称＿＿＿＿

＿＿级科目编号及名称＿＿＿＿

年		凭证		摘要	对方科目	日页	借方金额										✓	贷方金额										✓	借或贷	余额										✓
月	日	种类	号数				千	百	十	万	千	百	十	元	角	分		千	百	十	万	千	百	十	元	角	分			千	百	十	万	千	百	十	元	角	分	

明细分类账

总第____页　分第____页

____级科目编号及名称____

____级科目编号及名称____

年		凭证		摘要	对方科目	日页	借方金额										✓	贷方金额										✓	借或贷	余额										✓
月	日	种类	号数				千	百	十	万	千	百	十	元	角	分		千	百	十	万	千	百	十	元	角	分			千	百	十	万	千	百	十	元	角	分	

明细分类账

总第____页　分第____页

____级科目编号及名称____

____级科目编号及名称____

年		凭证		摘要	对方科目	日页	借方金额										✓	贷方金额										✓	借或贷	余额										✓
月	日	种类	号数				千	百	十	万	千	百	十	元	角	分		千	百	十	万	千	百	十	元	角	分			千	百	十	万	千	百	十	元	角	分	

明细分类账

总第　　页　　分第　　页

　　级科目编号及名称

　　级科目编号及名称

年		凭证		摘要	对方科目	日页	借方金额										✓	贷方金额										✓	借或贷	余额										✓
月	日	种类	号数				千	百	十	万	千	百	十	元	角	分		千	百	十	万	千	百	十	元	角	分			千	百	十	万	千	百	十	元	角	分	

明细分类账

总第　　页　　分第　　页

　　级科目编号及名称

　　级科目编号及名称

年		凭证		摘要	对方科目	日页	借方金额										✓	贷方金额										✓	借或贷	余额										✓
月	日	种类	号数				千	百	十	万	千	百	十	元	角	分		千	百	十	万	千	百	十	元	角	分			千	百	十	万	千	百	十	元	角	分	

明细分类账

总第　　页　　分第　　页

级科目编号及名称

级科目编号及名称

年		凭证		摘要	对方科目	日页	借方金额										✓	贷方金额										✓	借或贷	余额										✓
月	日	种类	号数				千	百	十	万	千	百	十	元	角	分		千	百	十	万	千	百	十	元	角	分			千	百	十	万	千	百	十	元	角	分	

明细分类账

总第　　页　　分第　　页

级科目编号及名称

级科目编号及名称

年		凭证		摘要	对方科目	日页	借方金额										✓	贷方金额										✓	借或贷	余额										✓
月	日	种类	号数				千	百	十	万	千	百	十	元	角	分		千	百	十	万	千	百	十	元	角	分			千	百	十	万	千	百	十	元	角	分	

总第　　页　　分第　　页

　　级科目编号及名称

　　级科目编号及名称

明细分类账

年		凭证		摘　　要	对方科目	日页	借方金额										√	贷方金额										√	借或贷	余额										√
月	日	种类	号数				千	百	十	万	千	百	十	元	角	分		千	百	十	万	千	百	十	元	角	分			千	百	十	万	千	百	十	元	角	分	

总第　　页　　分第　　页

　　级科目编号及名称

　　级科目编号及名称

明细分类账

年		凭证		摘　　要	对方科目	日页	借方金额										√	贷方金额										√	借或贷	余额										√
月	日	种类	号数				千	百	十	万	千	百	十	元	角	分		千	百	十	万	千	百	十	元	角	分			千	百	十	万	千	百	十	元	角	分	

总第　　页　　分第　　页

明细分类账

级科目编号及名称

级科目编号及名称

年		凭证		摘要	对方科目	日页	借方金额										✓	贷方金额										✓	借或贷	余额										✓
月	日	种类	号数				千	百	十	万	千	百	十	元	角	分		千	百	十	万	千	百	十	元	角	分			千	百	十	万	千	百	十	元	角	分	

总第　　页　　分第　　页

明细分类账

级科目编号及名称

级科目编号及名称

年		凭证		摘要	对方科目	日页	借方金额										✓	贷方金额										✓	借或贷	余额										✓
月	日	种类	号数				千	百	十	万	千	百	十	元	角	分		千	百	十	万	千	百	十	元	角	分			千	百	十	万	千	百	十	元	角	分	

明细分类账

总第　　页　　分第　　页

　　级科目编号及名称

　　级科目编号及名称

年		凭证		摘要	对方科目	日页	借方金额										✓	贷方金额										✓	借或贷	余额										✓
月	日	种类	号数				千	百	十	万	千	百	十	元	角	分		千	百	十	万	千	百	十	元	角	分			千	百	十	万	千	百	十	元	角	分	

明细分类账

总第　　页　　分第　　页

　　级科目编号及名称

　　级科目编号及名称

年		凭证		摘要	对方科目	日页	借方金额										✓	贷方金额										✓	借或贷	余额										✓
月	日	种类	号数				千	百	十	万	千	百	十	元	角	分		千	百	十	万	千	百	十	元	角	分			千	百	十	万	千	百	十	元	角	分	

明细分类账

总第　页　分第　页

级科目编号及名称

级科目编号及名称

年		凭证		摘要	对方科目	日页	借方金额										✓	贷方金额										✓	借或贷	余额										✓
月	日	种类	号数				千	百	十	万	千	百	十	元	角	分		千	百	十	万	千	百	十	元	角	分			千	百	十	万	千	百	十	元	角	分	

明细分类账

总第　页　分第　页

级科目编号及名称

级科目编号及名称

年		凭证		摘要	对方科目	日页	借方金额										✓	贷方金额										✓	借或贷	余额										✓
月	日	种类	号数				千	百	十	万	千	百	十	元	角	分		千	百	十	万	千	百	十	元	角	分			千	百	十	万	千	百	十	元	角	分	

明细分类账

总第　页　分第　页

级科目编号及名称

级科目编号及名称

年		凭证		摘要	对方科目	日页	借方金额										✓	贷方金额										✓	借或贷	余额										✓
月	日	种类	号数				千	百	十	万	千	百	十	元	角	分		千	百	十	万	千	百	十	元	角	分			千	百	十	万	千	百	十	元	角	分	

明细分类账

总第　页　分第　页

级科目编号及名称

级科目编号及名称

年		凭证		摘要	对方科目	日页	借方金额										✓	贷方金额										✓	借或贷	余额										✓
月	日	种类	号数				千	百	十	万	千	百	十	元	角	分		千	百	十	万	千	百	十	元	角	分			千	百	十	万	千	百	十	元	角	分	

明细分类账

总第______页　　分第______页

______级科目编号及名称______

______级科目编号及名称______

年		凭证		摘要	对方科目	日页	借方金额										√	贷方金额										√	借或贷	余额										√
月	日	种类	号数				千	百	十	万	千	百	十	元	角	分		千	百	十	万	千	百	十	元	角	分			千	百	十	万	千	百	十	元	角	分	

明细分类账

总第______页　　分第______页

______级科目编号及名称______

______级科目编号及名称______

年		凭证		摘要	对方科目	日页	借方金额										√	贷方金额										√	借或贷	余额										√
月	日	种类	号数				千	百	十	万	千	百	十	元	角	分		千	百	十	万	千	百	十	元	角	分			千	百	十	万	千	百	十	元	角	分	

明细分类账

总第　　页　　分第　　页

级科目编号及名称

级科目编号及名称

年		凭证		摘要	对方科目	日页	借方金额										✓	贷方金额										✓	借或贷	余额										✓
月	日	种类	号数				千	百	十	万	千	百	十	元	角	分		千	百	十	万	千	百	十	元	角	分			千	百	十	万	千	百	十	元	角	分	

明细分类账

总第　　页　　分第　　页

级科目编号及名称

级科目编号及名称

年		凭证		摘要	对方科目	日页	借方金额										✓	贷方金额										✓	借或贷	余额										✓
月	日	种类	号数				千	百	十	万	千	百	十	元	角	分		千	百	十	万	千	百	十	元	角	分			千	百	十	万	千	百	十	元	角	分	

明细分类账

总第　　页　　分第　　页

级科目编号及名称

级科目编号及名称

年		凭证		摘要	对方科目	日页	借方金额										✓	贷方金额										✓	借或贷	余额										✓
月	日	种类	号数				千	百	十	万	千	百	十	元	角	分		千	百	十	万	千	百	十	元	角	分			千	百	十	万	千	百	十	元	角	分	

明细分类账

总第　　页　　分第　　页

级科目编号及名称

级科目编号及名称

年		凭证		摘要	对方科目	日页	借方金额										✓	贷方金额										✓	借或贷	余额										✓
月	日	种类	号数				千	百	十	万	千	百	十	元	角	分		千	百	十	万	千	百	十	元	角	分			千	百	十	万	千	百	十	元	角	分	

明细分类账

总第　页　分第　页

级科目编号及名称

级科目编号及名称

年		凭证		摘要	对方科目	日页	借方金额										√	贷方金额										√	借或贷	余额										√
月	日	种类	号数				千	百	十	万	千	百	十	元	角	分		千	百	十	万	千	百	十	元	角	分			千	百	十	万	千	百	十	元	角	分	

明细分类账

总第　页　分第　页

级科目编号及名称

级科目编号及名称

年		凭证		摘要	对方科目	日页	借方金额										√	贷方金额										√	借或贷	余额										√
月	日	种类	号数				千	百	十	万	千	百	十	元	角	分		千	百	十	万	千	百	十	元	角	分			千	百	十	万	千	百	十	元	角	分	

明细分类账

总第____页　　分第____页

____级科目编号及名称________________

____级科目编号及名称________________

年		凭证		摘要	对方科目	日页	借方金额										✓	贷方金额										✓	借或贷	余额										✓
月	日	种类	号数				千	百	十	万	千	百	十	元	角	分		千	百	十	万	千	百	十	元	角	分			千	百	十	万	千	百	十	元	角	分	

明细分类账

总第____页　　分第____页

____级科目编号及名称________________

____级科目编号及名称________________

年		凭证		摘要	对方科目	日页	借方金额										✓	贷方金额										✓	借或贷	余额										✓
月	日	种类	号数				千	百	十	万	千	百	十	元	角	分		千	百	十	万	千	百	十	元	角	分			千	百	十	万	千	百	十	元	角	分	

明细分类账

总第______页　　分第______页

______级科目编号及名称______________________

______级科目编号及名称______________________

年		凭证		摘要	对方科目	日页	借方金额										✓	贷方金额										✓	借或贷	余额										✓
月	日	种类	号数				千	百	十	万	千	百	十	元	角	分		千	百	十	万	千	百	十	元	角	分			千	百	十	万	千	百	十	元	角	分	

明细分类账

总第______页　　分第______页

______级科目编号及名称______________________

______级科目编号及名称______________________

年		凭证		摘要	对方科目	日页	借方金额										✓	贷方金额										✓	借或贷	余额										✓
月	日	种类	号数				千	百	十	万	千	百	十	元	角	分		千	百	十	万	千	百	十	元	角	分			千	百	十	万	千	百	十	元	角	分	

明细分类账

编号 页次 总页

货名

存储地点 最高存量 最低存量 计量单位 规格 类别

年		凭证		摘要	收入(借方)												发出(贷方)												结存											
月	日	种类	号数		数量	单价	金额										数量	单价	金额										数量	单价	金额									
							千	百	十	万	千	百	十	元	角	分			千	百	十	万	千	百	十	元	角	分			千	百	十	万	千	百	十	元	角	分

明细分类账

编号　　页次　　总页

货名

存储地点　　最高存量　　最低存量　　计量单位　　规格　　类别

年		凭证		摘要	收入（借方）												发出（贷方）												结存											
					数量	单价	金额										数量	单价	金额										数量	单价	金额									
月	日	种类	号数				千	百	十	万	千	百	十	元	角	分			千	百	十	万	千	百	十	元	角	分			千	百	十	万	千	百	十	元	角	分

明细分类账

编号　　　　页次　　　　总页

货名

存储地点　　　　最高存量　　　　最低存量　　　　计量单位　　　　规格　　　　类别

年		凭证		摘要	收入(借方)												发出(贷方)												结存											
					数量	单价	金额										数量	单价	金额										数量	单价	金额									
月	日	种类	号数				千	百	十	万	千	百	十	元	角	分			千	百	十	万	千	百	十	元	角	分			千	百	十	万	千	百	十	元	角	分

明细分类账

编号________ 页次________ 总页________

货名________________

存储地点________________ 最高存量________ 最低存量________ 计量单位________ 规格________ 类别________

年		凭证		摘要	收入（借方）												发出（贷方）												结存											
					数量	单价	金额										数量	单价	金额										数量	单价	金额									
月	日	种类	号数				千	百	十	万	千	百	十	元	角	分			千	百	十	万	千	百	十	元	角	分			千	百	十	万	千	百	十	元	角	分

明细分类账

编号...... 页次...... 总页......

货名......

存储地点...... 最高存量...... 最低存量...... 计量单位...... 规格...... 类别......

年		凭证		摘要	收入(借方)												发出(贷方)												结存											
月	日	种类	号数		数量	单价	金额										数量	单价	金额										数量	单价	金额									
							千	百	十	万	千	百	十	元	角	分			千	百	十	万	千	百	十	元	角	分			千	百	十	万	千	百	十	元	角	分

明细分类账

编号＿＿ 页次＿＿ 总页＿＿

货名＿＿

存储地点＿＿ 最高存量＿＿ 最低存量＿＿ 计量单位＿＿ 规格＿＿ 类别＿＿

年		凭证		摘要	收入(借方)												发出(贷方)												结存											
月	日	种类	号数		数量	单价	金额										数量	单价	金额										数量	单价	金额									
							千	百	十	万	千	百	十	元	角	分			千	百	十	万	千	百	十	元	角	分			千	百	十	万	千	百	十	元	角	分

明细分类账

编号　　页次　　总页

货名

存储地点　　最高存量　　最低存量　　计量单位　　规格　　类别

年		凭证		摘要	收入(借方)												发出(贷方)												结存											
					数量	单价	金额										数量	单价	金额										数量	单价	金额									
月	日	种类	号数				千	百	十	万	千	百	十	元	角	分			千	百	十	万	千	百	十	元	角	分			千	百	十	万	千	百	十	元	角	分

明细分类账

编号＿＿＿＿ 页次＿＿＿＿ 总页＿＿＿＿

货名＿＿＿＿＿＿＿＿

存储地点＿＿＿＿＿＿＿＿ 最高存量＿＿＿＿ 最低存量＿＿＿＿ 计量单位＿＿＿＿ 规格＿＿＿＿ 类别＿＿＿＿

年		凭证		摘要	收入(借方)												发出(贷方)												结存											
					数量	单价	金额										数量	单价	金额										数量	单价	金额									
月	日	种类	号数				千	百	十	万	千	百	十	元	角	分			千	百	十	万	千	百	十	元	角	分			千	百	十	万	千	百	十	元	角	分

明细分类账

编号 ______ 页次 ______ 总页 ______

货名 ______

存储地点 ______ 最高存量 ______ 最低存量 ______ 计量单位 ______ 规格 ______ 类别 ______

年		凭证		摘要	收入(借方)												发出(贷方)												结存											
					数量	单价	金额										数量	单价	金额										数量	单价	金额									
月	日	种类	号数				千	百	十	万	千	百	十	元	角	分			千	百	十	万	千	百	十	元	角	分			千	百	十	万	千	百	十	元	角	分

明细分类账

编号　　　　页次　　　　总页

货名

存储地点　　　　最高存量　　　　最低存量　　　　计量单位　　　　规格　　　　类别

年		凭证		摘要	收入(借方)												发出(贷方)												结存											
					数量	单价	金额										数量	单价	金额										数量	单价	金额									
月	日	种类	号数				千	百	十	万	千	百	十	元	角	分			千	百	十	万	千	百	十	元	角	分			千	百	十	万	千	百	十	元	角	分

年		凭证号数	摘要	借方发生额																																																	
月	日			进项税额										已交税费										销项税额抵减										减免税款										出口抵减内销产品应纳税额									
				千	百	十	万	千	百	十	元	角	分	千	百	十	万	千	百	十	元	角	分	千	百	十	万	千	百	十	元	角	分	千	百	十	万	千	百	十	元	角	分	千	百	十	万	千	百	十	元	角	分

明细账

总第______页　分第______页

______级科目编号及名称______

______级科目编号及名称______

借方发生额		贷方发生额					借或贷	余额
转出未交增值税	合　计	销项税额	进项税额转出	出口退税	转出多交增值税	合　计		
千百十万千百十元角分	千百十万千百十元角分	千百十万千百十元角分	千百十万千百十元角分	千百十万千百十元角分	千百十万千百十元角分	千百十万千百十元角分		千百十万千百十元角分

应交增值税

年		凭证号数	摘要	借方发生额																																																	
月	日			进项税额										已交税费										销项税额抵减										减免税款										出口抵减内销产品应纳税额									
				千	百	十	万	千	百	十	元	角	分	千	百	十	万	千	百	十	元	角	分	千	百	十	万	千	百	十	元	角	分	千	百	十	万	千	百	十	元	角	分	千	百	十	万	千	百	十	元	角	分

明细账

总第____页　分第____页

____级科目编号及名称____

____级科目编号及名称____

借方发生额		贷方发生额					借或贷	余额
转出未交增值税	合计	销项税额	进项税额转出	出口退税	转出多交增值税	合计		
千百十万千百十元角分	千百十万千百十元角分	千百十万千百十元角分	千百十万千百十元角分	千百十万千百十元角分	千百十万千百十元角分	千百十万千百十元角分		千百十万千百十元角分

明细分类账

总第　　页　　分第　　页

　　级科目编号及名称

　　级科目编号及名称

年		凭证号数	摘要																																																																						
月	日			千	百	十	万	千	百	十	元	角	分	千	百	十	万	千	百	十	元	角	分	千	百	十	万	千	百	十	元	角	分	千	百	十	万	千	百	十	元	角	分	千	百	十	万	千	百	十	元	角	分	千	百	十	万	千	百	十	元	角	分	千	百	十	万	千	百	十	元	角	分

明细分类账

总第　　页　　分第　　页

　　级科目编号及名称

　　级科目编号及名称

年		凭证号数	摘要																																																																						
月	日			千	百	十	万	千	百	十	元	角	分	千	百	十	万	千	百	十	元	角	分	千	百	十	万	千	百	十	元	角	分	千	百	十	万	千	百	十	元	角	分	千	百	十	万	千	百	十	元	角	分	千	百	十	万	千	百	十	元	角	分	千	百	十	万	千	百	十	元	角	分

明细分类账

总第＿＿页　分第＿＿页

＿＿级科目编号及名称＿＿＿＿＿＿

＿＿级科目编号及名称＿＿＿＿＿＿

年		凭证号数	摘要																																																																			
月	日			千	百	十	万	千	百	十	元	角	分	千	百	十	万	千	百	十	元	角	分	千	百	十	万	千	百	十	元	角	分	千	百	十	万	千	百	十	元	角	分	千	百	十	万	千	百	十	元	角	分	千	百	十	万	千	百	十	元	角	分	千	百	十	万	千	百	十	元	角	分

明细分类账

总第　　页　　分第　　页

级科目编号及名称

级科目编号及名称

年		凭证号数	摘要																																																																				
月	日			千	百	十	万	千	百	十	元	角	分	千	百	十	万	千	百	十	元	角	分	千	百	十	万	千	百	十	元	角	分	千	百	十	万	千	百	十	元	角	分	千	百	十	万	千	百	十	元	角	分	千	百	十	万	千	百	十	元	角	分	千	百	十	万	千	百	十	元	角	分

明细分类账

总第　　页　　分第　　页

　　级科目编号及名称

　　级科目编号及名称

年		凭证号数	摘要																																																																					
月	日			千	百	十	万	千	百	十	元	角	分	千	百	十	万	千	百	十	元	角	分	千	百	十	万	千	百	十	元	角	分	千	百	十	万	千	百	十	元	角	分	千	百	十	万	千	百	十	元	角	分	千	百	十	万	千	百	十	元	角	分	千	百	十	万	千	百	十	元	角	分

明细分类账

总第　　页　　分第　　页

级科目编号及名称

级科目编号及名称

年		凭证号数	摘要																																																																				
月	日			千	百	十	万	千	百	十	元	角	分	千	百	十	万	千	百	十	元	角	分	千	百	十	万	千	百	十	元	角	分	千	百	十	万	千	百	十	元	角	分	千	百	十	万	千	百	十	元	角	分	千	百	十	万	千	百	十	元	角	分	千	百	十	万	千	百	十	元	角	分

明细分类账

总第　　页　　分第　　页

　　级科目编号及名称

　　级科目编号及名称

年		凭证号数	摘要																																																																						
月	日			千	百	十	万	千	百	十	元	角	分	千	百	十	万	千	百	十	元	角	分	千	百	十	万	千	百	十	元	角	分	千	百	十	万	千	百	十	元	角	分	千	百	十	万	千	百	十	元	角	分	千	百	十	万	千	百	十	元	角	分	千	百	十	万	千	百	十	元	角	分

明细分类账

总第　　页　　分第　　页

　　级科目编号及名称

　　级科目编号及名称

年		凭证号数	摘要																																																																								
月	日			千	百	十	万	千	百	十	元	角	分	千	百	十	万	千	百	十	元	角	分	千	百	十	万	千	百	十	元	角	分	千	百	十	万	千	百	十	元	角	分	千	百	十	万	千	百	十	元	角	分	千	百	十	万	千	百	十	元	角	分	千	百	十	万	千	百	十	元	角	分

资产负债表

会企 01 表

编制单位：　　　　　　　　年　　月　　日　　　　　　单位：元

资　　产	期末余额	上年年末余额	负债和所有者权益（或股东权益）	期末余额	上年年末余额
流动资产：			流动负债：		
货币资金			短期借款		
交易性金融资产			交易性金融负债		
衍生金融资产			衍生金融负债		
应收票据			应付票据		
应收账款			应付账款		
应收款项融资			预收款项		
预付款项			合同负债		
其他应收款			应付职工薪酬		
存货			应交税费		
合同资产			其他应付款		
持有待售资产			持有待售负债		
一年内到期的非流动资产			一年内到期的非流动负债		
其他流动资产			其他流动负债		
流动资产合计			流动负债合计		
非流动资产：			非流动负债：		
债权投资			长期借款		
其他债权投资			应付债券		
长期应收款			其中：优先股		
长期股权投资			永续债		
其他权益工具投资			租赁负债		
其他非流动金融资产			长期应付款		
投资性房地产			预计负债		
固定资产			递延收益		
在建工程			递延所得税负债		
生产性生物资产			其他非流动负债		
油气资产			非流动负债合计		
使用权资产			负债合计		
无形资产			所有者权益(或股东权益)		
开发支出			实收资本(或股本)		
商誉			其他权益工具		
长期待摊费用			其中：优先股		
递延所得税资产			永续债		
其他非流动资产			资本公积		
非流动资产合计			减:库存股		
			其他综合收益		
			专项储备		
			盈余公积		
			未分配利润		
			所有者权益(或股东权益)合计		
资产总计			负债和所有者权益(或股东权益)总计		

资产负债表

会企 01 表

编制单位：　　　　　　　　　　年　　月　　日　　　　　　　　　　单位：元

资　　产	期末余额	上年年末余额	负债和所有者权益（或股东权益）	期末余额	上年年末余额
流动资产：			流动负债：		
货币资金			短期借款		
交易性金融资产			交易性金融负债		
衍生金融资产			衍生金融负债		
应收票据			应付票据		
应收账款			应付账款		
应收款项融资			预收款项		
预付款项			合同负债		
其他应收款			应付职工薪酬		
存货			应交税费		
合同资产			其他应付款		
持有待售资产			持有待售负债		
一年内到期的非流动资产			一年内到期的非流动负债		
其他流动资产			其他流动负债		
流动资产合计			流动负债合计		
非流动资产：			非流动负债：		
债权投资			长期借款		
其他债权投资			应付债券		
长期应收款			其中：优先股		
长期股权投资			永续债		
其他权益工具投资			租赁负债		
其他非流动金融资产			长期应付款		
投资性房地产			预计负债		
固定资产			递延收益		
在建工程			递延所得税负债		
生产性生物资产			其他非流动负债		
油气资产			非流动负债合计		
使用权资产			负债合计		
无形资产			所有者权益（或股东权益）		
开发支出			实收资本（或股本）		
商誉			其他权益工具		
长期待摊费用			其中：优先股		
递延所得税资产			永续债		
其他非流动资产			资本公积		
非流动资产合计			减：库存股		
			其他综合收益		
			专项储备		
			盈余公积		
			未分配利润		
			所有者权益（或股东权益）合计		
资产总计			负债和所有者权益（或股东权益）总计		

利润表

企会 02 表

编制单位：　　　　　　　　　年　　月　　　　　　　　　单位：元

项　　目	本期金额	上期金额
一、营业收入		
减：营业成本		
税金及附加		
销售费用		
管理费用		
研发费用		
财务费用		
其中：利息费用		
利息收入		
加：其他收益		
投资收益（损失以“—”号填列）		
其中：对联营企业和合营企业的投资收益		
以摊余成本计量的金融资产终止确认收益（损失以“—”号填列）		
净敞口套期收益（损失以“—”号填列）		
公允价值变动收益（损失以“—”号填歹		
信用减值损失（损失以“—”号填列）		
资产减值损失（损失以“—”号填列）		
资产处置收益（损失以“—”号填列）		
二、营业利润（亏损以“—”号填列）		
加：营业外收入		
减：营业外支出		
三、利润总额（亏损总额以“—”号填列）		
减：所得税费用		
四、净利润（净亏损以“—”号填列）		
（一）持续经营净利润（净亏损以“—”号填列）		
（二）终止经营净利润（净亏损以“—”号填列）		
五、其他综合收益的税后净额		
（一）不能重分类进损益的其他综合收益		
1. 重新计量设定受益计划变动额		
2. 权益法下不能转损益的其他综合收益		
3. 其他权益工具投资公允价值变动		
4. 企业自身信用风险公允价值变动		
……		
（二）将重分类进损益的其他综合收益		
1. 权益法下可转损益的其他综合收益		
2. 其他债权投资公允价值变动		
3. 金融资产重分类计入其他综合收益的金额		
4. 其他债权投资信用减值准备		
5. 现金流量套期储备		
6. 外币财务报表折算差额		
……		
六、综合收益总额		
七、每股收益：		
（一）基本每股收益		
（二）稀释每股收益		

利润表

企会 02 表

编制单位： 年 月 单位：元

项 目	本期金额	上期金额
一、营业收入		
减：营业成本		
税金及附加		
销售费用		
管理费用		
研发费用		
财务费用		
其中：利息费用		
利息收入		
加：其他收益		
投资收益（损失以“－”号填列）		
其中：对联营企业和合营企业的投资收益		
以摊余成本计量的金融资产终止确认收益（损失以“－”号填列）		
净敞口套期收益（损失以“－”号填列）		
公允价值变动收益（损失以“－”号填歹		
信用减值损失（损失以“－”号填列）		
资产减值损失（损失以“－”号填列）		
资产处置收益（损失以“－”号填列）		
二、营业利润（亏损以“－”号填列）		
加：营业外收入		
减：营业外支出		
三、利润总额（亏损总额以“－”号填列）		
减：所得税费用		
四、净利润（净亏损以“－”号填列）		
（一）持续经营净利润（净亏损以“－”号填列）		
（二）终止经营净利润（净亏损以“－”号填列）		
五、其他综合收益的税后净额		
（一）不能重分类进损益的其他综合收益		
1. 重新计量设定受益计划变动额		
2. 权益法下不能转损益的其他综合收益		
3. 其他权益工具投资公允价值变动		
4. 企业自身信用风险公允价值变动		
……		
（二）将重分类进损益的其他综合收益		
1. 权益法下可转损益的其他综合收益		
2. 其他债权投资公允价值变动		
3. 金融资产重分类计入其他综合收益的金额		
4. 其他债权投资信用减值准备		
5. 现金流量套期储备		
6. 外币财务报表折算差额		
……		
六、综合收益总额		
七、每股收益：		
（一）基本每股收益		
（二）稀释每股收益		

公司

记账凭证封面

第	册
共	册

自　　年　　月　　日至　　年　　月　　日

凭证名称	凭证起讫号码		凭证张数	附件张数	备注
	自	至			

会计档案	全宗号	目录号	案卷号	保管年限

财会主管　　　　装订人

记账凭证封底

公司

总 分 类 账

会计档案	自　　年　　月　　日至　　年　　月　　日止		
	册内共　　页（张）	保管期限：	
	全宗号：	目录号：	案卷号：

年度

总分类账封底

公司

明 细 分 类 账

会计档案	自　　　年　　月　　日至　　　年　　月　　日止		
	册内共　　　页（张）	保管期限：	
	全宗号：	目录号：	案卷号：

年度

明细分类账封底

公司

日　　记　　账

（库存现金日记账、银行存款日记账）

会计档案	自　　年　　月　　日至　　年　　月　　日止		
	册内共　　页（张）	保管期限：	
	全宗号：	目录号：	案卷号：

年度

日记账封底

公司

会 计 报 表

（资产负债表、利润表）

年度

会计报表封底

年月 第 号至第 号 第册 共册

记账凭证包角

年月 第 号至第 号 第册 共册

记账凭证包角

年月 第 号至第 号 第册 共册

年月 第 号至第 号 第 共

实训总结

（800字左右）